PROVERBIOS PARA TODA LA FAMILIA

Una Traducción y Revisión del libro

Proverbs For the Family

El Autor
Dr. Bruce Lackey

Traducido y revisado por
Dr. Bob (Roberto) Green

Permiso otorgado por Helen Lackey, Viuda

PROVERBIOS PARA TODA LA FAMILIA
© MAYO, 2022 por
Dr. Bob (Robert) Green

Traducción y Publicación con el permiso de Mrs. Helen Lackey, Viuda

Todas las Escrituras del libro,
"PROVERBS FOR THE FAMILY"
son de la versión bíblica, King James (KJV).
Todas las Escrituras en español son de la versión bíblica, Reina Valera.

ISBN: 979-8-9857165-4-2

Editado por: Elizabeth Garrett

Editado y Formateado Por:
The Old Paths Publications
www.theoldpathspublications.com
TOP@theoldpathspublications.com
Mayo, 2022

PREFACIO:

Según Dr. Bruce Lackey, hay <u>cincuenta y cuatro referencias</u> a <u>la familia en los treinta y dos capítulos</u> del libro de Los Proverbios. Veintitrés veces el escritor del libro comienza sus comentarios con las palabras, <u>"hijo mío"</u>. Porque hay muchos esfuerzos negativos luchando por destruir la institución de la "familia" hoy día, y porque algunos esfuerzos cristianos para reforzar la familia parecen basarse en la psicología mundana, es imperativo que acudamos otra vez a la eterna sabiduría divina con el propósito de <u>aprender el plan de Dios para toda familia.</u>

¡Que Él nos dé el deseo de hacer esta investigación juntamente con el Espíritu Santo, porque el Espíritu Santo puede abrir nuestro entendimiento y ayudarnos aplicar estos principios bíblicos a nuestras vidas!

El INDICE

Fíate de Jehová de todo tu corazón, y no te apoyes en tu propia prudencia. Reconócelo en todos tus caminos y él enderezará tus veredas.

LA INTRODUCCIÓN:

El libro de Proverbios es como un manual provisto por Dios, para que conozca la gente como vivir. La sabiduría bíblica es necesaria para todo aspecto de la vida, pero especialmente para el matrimonio y la familia. Tantas personas han fracasado en esta relación tan importante. Esos fracasos han dejado a millones de vidas y matrimonios en ruina.

El matrimonio y el hogar en vez de "ser pedacitos del cielo en la tierra" y resultar en la felicidad para la gente y la gloria de Dios, se han convertido en zonas de combate. La familia sufre ataques desde afuera y desde adentro.

<u>La familia, la primera institución divina, es la base de la civilización.</u> Dios dio instrucciones a Adán y Eva y los estableció en un ambiente perfecto. Ellos gozaron de comunión con Dios. A pesar de todos los beneficios, <u>ellos optaron por rechazar las instrucciones y desobedecer a su Creador y andar en sus propios caminos.</u> Por la desobediencia de ellos, la muerte física y espiritual, el desorden y el sufrimiento entraron en el mundo.

En Cristo Jesús, Dios dio el camino a la redención de nuestra alma y la restauración. Desafortunadamente, la mayoría de las personas en el mundo ignoran o rechazan lo que Dios ofrece.

Al comenzar la lectura de este libro, por favor de contestar unas preguntas. **¿Desea en verdad la sabiduría que viene de lo alto? ¿Desea seguir el plan divino para su vida y su matrimonio?**

Si con sinceridad puede contestar que ¡SÍ! **Pídale a Dios, el Espíritu Santo, que abra su entendimiento y que le ayude asimilar estas verdades en su pensar y vivir.**

¡Hay que "servir y honrar" a Dios, mientras espera Su dirección y la definición de Su voluntad para su vida!

CAPÍTULO UNO

LOS PROVERBIOS PARA LOS MARIDOS Y LOS HOMBRES JÓVENES

Bebe el agua de tu misma cisterna, y los raudales de tu propio pozo (Proverbios 5:15).

Salomón, el escritor de estas palabras divinamente inspiradas, compara el disfrute del amor (el sexo) y la relación matrimonial con "tomar agua pura de una fuente de agua fresca". Por otro lado, cometer el pecado sexual (la fornicación [perversiones y el sexo fuera del matrimonio] y el adulterio, etc.) es como beber agua sucia de una zanja o una alcantarilla. **Aquí en el versículo 15, el sexo dentro del contexto del matrimonio es algo hermoso, así como dice el escritor en Hebreos 13:4, "que el lecho matrimonial es honroso y sin mancilla o impureza".**

Honroso sea en todos, el matrimonio y el lecho sin mancilla; pero a los fornicarios y los adúlteros los juzgará Dios (Hebreos 13:4).

<u>El marido debe ser fiel a su esposa toda su vida.</u> Salomón apréndió cuales son las miserias

que resultan cuando el marido no obedece y cumple este mandamiento. Él describe esas miserias en Eclesiastés 7:26-29.

Y he hallado más amarga que la muerte a la mujer cuyo corazón es lazos y redes, y sus manos ligaduras. *Él que agrada a Dios escapará de ella; más el pecador quedará en ella preso. He aquí que esto he hallado, dice el Predicador, pesando las cosas una por una para hallar la razón; lo que aún busca mi alma, y no lo encuentra: un hombre entre mil he hallado, pero mujer entre todas éstas nunca halle. He aquí, solamente esto he hallado: que **Dios hizo al hombre recto, pero ellos buscaron muchas perversiones.**

Entre sus 700 esposas y 300 concubinas, él no pudo hallar una mujer que le sería fiel; él únicamente halló las mujeres cuyos corazones fueron… "lazos y redes, y sus manos ligaduras". Salomón confesó tácitamente que él era pecador. Él no había agradado a Dios; sin embargo, él dice en Eclesiastés 9:9 lo siguiente:

*Goza de la vida con la mujer que amas, **todos los días de la vida** de tu vanidad que te son dados debajo del sol…*

¡Note que él dijo "la mujer" (esposa)! ¡Él no dijo "mujeres"! También Salomón enfatizó que eso sería un "compromiso" de por vida. Él dijo dos veces que el compromiso debía cumplirse "<u>todos los días de la vida</u>". No hay lugar para "intervalos" de infidelidad.

Si vemos estas palabras meramente del punto de vista humano y nos olvidamos de estas palabras inspiradas, aun así, veríamos la sabiduría de hacer caso al consejo de este hombre. Él tenía años de experiencia viviendo con mil mujeres. **<u>El hombre sabio aprende de las experiencias de otros.</u>** Luego, al recordar que "toda la Escritura es palabra inspirada por Dios y de provecho" (2 Timoteo 3:16), estas palabras enseñadas por el Espíritu Santo son potentes e imperativas.

Salomón fue el hombre más sabio del mundo durante algunos años de su vida, pero él no practicó la sabiduría en los últimos años de su tiempo en la tierra. Por lo visto, él fue vencido por las tentaciones sexuales. Él se casó con 700 mujeres, y además tomó 300 mujeres más para que fueran sus "concubinas". El diccionario define una concubina de esta manera: Una mujer con la cual cohabita un hombre sin casarse con ella. La verdad es que esa descripción puede aplicarse hoy día a las mujeres que cohabitan con hombres que no son sus maridos.

En 1 Reyes 11:2, 4, hablando de la unión entre los creyentes y los no creyentes, la Biblia dice: *…No os llegaréis a ellas, ni ellas se llegarán a vosotros; porque ciertamente **harán inclinar vuestros corazones tras sus dioses.** A éstas, pues, se juntó Salomón con amor… y sus mujeres desviaron su corazón. Y **cuando Salomón era ya viejo, sus mujeres inclinaron su corazón tras dioses ajenos** y **su corazón no era perfecto con Jehová su Dios…***

Salomón hizo muchas cosas buenas; sin embargo, la concupiscencia (pasiones descontroladas) dominó su vida. Decisiones que él tomó siendo joven le llevaron a la ruina espiritual. A pesar de las tremendas bendiciones que Dios había derramado sobre su vida, él terminó su vida con este epitafio, "**él no era perfecto con Jehová su Dios.**"

Estimado hombre joven, ¡Ponga a Dios y Su voluntad en primer lugar en su vida!

Hay que buscar la voluntad de Dios en cuanto al matrimonio.

Usted puede creer y confiar que Dios está preparando o tiene preparada para usted una mujer que será el "amor de su vida" y una esposa a quien usted puede ser fiel toda la vida. <u>Esa mujer será la "ayuda idónea" que completará su vida.</u>

Nota: Unos consejos:
1. **Acepte a Cristo como Salvador y Señor** personal, único, y suficiente. (Juan 3:16)
2. **Entréguese a Él.** (Romanos 12:1-2)
3. Confíese a Él, no solamente el alma, sino la vida también.
4. Romanos 8:32 dice, *Él que no escatimó ni a su propio Hijo, sino que lo entregó por todos nosotros,* **<u>¿Cómo no nos dará también con él todas las cosas?</u>** Si Dios Padre estuvo dispuesto a entregar Su Hijo Unigénito para salvarnos, ¿No podemos esperar que Él nos dé <u>todo lo demás</u> que nos pueda hacer falta? <u>AUN UNA ESPOSA</u>...
5. Hay que recordar que **la señorita** con quien usted se casará, **debe ser una persona salva** también. Si no es salva, "está muerta" espiritualmente (Efesios 2:1). ¿Quién quiere casarse con una muerta? (2 Corintios 6:14). Cuando se unen en matrimonio una persona salva y una persona (aunque buena) no salva, **no tienen los mismos propósitos y metas.**
6. **El motivo más fuerte para ser fiel al Señor,** y el uno al otro es **<u>el propósito de glorificar al Señor en todo, incluyendo en el matrimonio.</u>**

7. Hay que reconocer que una muchacha fácil_(sin principios y convicciones bíblicos) puede convertirse en una esposa no fiel. Admito que una muchacha santa también puede caer ante las tentaciones y volverse infiel, igual que un muchacho santo. Pero, es cierto que una persona que, durante el noviazgo, no tiene convicciones, es más propensa seguir siendo así después de casarse.

8. **Hay que buscar una señorita que honra a Cristo en cada relación** y está esperando entregarse única y totalmente a su marido. Es evidente que una persona que permite libertades físicas antes de casarse, no entiende, o no da importancia a la voluntad de Dios definida en Su Palabra. **Relaciones sexuales deben guardarse para el matrimonio.** La **idea** mundana contemporánea, **de "convivir (cohabitar) antes de casarse para confirmar que son compatibles"** no es bíblico y no agrada a Dios. Al contrario, trae el juicio de Dios (Hebreos 13:5). Algo interesante es que se ha comprobado que las parejas que conviven antes de casarse tienden a divorciarse más luego y con más frecuencia que los que siguen las instrucciones del Señor.

9. Es increíble, pero parece que muchos **hombres y jóvenes creen que el sexo es solo "otra diversión" que gozar**. En los Proverbios 10:23 se dice, *El hacer maldad es como una diversión al insensato...* Hay también mujeres jóvenes que usan el sexo para "pescar" a un novio o a un marido.

10. **<u>El cuerpo de los creyentes no les pertenece.</u>** (1 Corintios 6:19-20) **¡Si usted ha nacido de nuevo y es <u>salvo, su cuerpo no le pertenece!</u> ¡No es suyo para complacerse a sí mismo!** <u>No debe entregarse a nadie, sino al Señor y al marido</u> (no al novio) <u>o a la esposa</u> (no a la novia) <u>con quien se ha casado el individuo y a quien ha prometido vivir fielmente toda la vida.</u>

11. La Biblia describe una mujer o esposa casta en 1 Pedro 3:1-4; Proverbios 31:10-31. La belleza verdadera brota o sale del corazón de un individuo. **La modestia siempre está de moda.** La mujer cristiana, igual que el hombre cristiano, debe vestirse modestamente y decentemente y de esta manera evitar servir como **"piedra de tropiezo" para los del sexo opuesto.**

12. **Hay que buscar una novia y esposa que ama al Señor primero y entonces sabrá amar a su marido también.**

13. Al pretender a una señorita, **todo comienza con <u>el permiso del papá y/o de la madre</u>** de ella.

14. **Al salir con una joven, el hombre joven <u>debe "tratarla" con mucho respeto.</u>** El joven debe pretenderla como él quisiera que otros jóvenes respetaren a una hermanita suya. Normalmente los hermanos varones de una señorita la protejan y son muy celosos en cuanto a ella.

15. Hay que portarse como **"caballero cristiano" en todo momento** y protegerla.

16. No diga a ella, "Si me amas en verdad, puedes comprobarlo por entregarte a mí". **Joven, si usted la ama y la respeta en verdad, usted no va a**

pedirla que sacrifique su pureza y reputación solo para complacerle a usted.

17. Parece increíble, pero ha habido casos de jóvenes que han practicado la fornicación con una u otra persona, y luego, después de casarse, hallan que siempre están comparando la relación de ellos con la esposa o el marido, con la relación que tuvieron con su amante. ¿Cómo se sentiría la esposa o el marido al darse cuenta de esa situación? Seguramente, desilusionado. **Puede haber atracción física muy fuerte sin que haya amor genuino.**

18. Algunos muchachos dicen a la muchacha, "Te amo", cuando en verdad sería mejor decir, "Te quiero" porque lo que sienten es la codicia y no el amor. (Véase: 1 Corintios 13: 4-8ª). **No vaya a confundir "la codicia" con el "amor".**

19. Hay que considerar el nivel económico de los padres de la señorita, mayormente porque, a veces, una joven acostumbrada vivir con más comodidades halla difícil adaptarse a la condición económica del hombre joven con quien se casa. Es normal que un hombre joven no gane la cantidad que ganan los padres de una muchacha. Normalmente las parejas recién casadas "tienen mucho menos que las parejas con años de acumular cosas".

    ¡Cuidado joven! Puede ser que la señorita espere lo que usted no puede proveer. Ese problema no se surge siempre al principio. A veces nace después de unos años. En inglés decimos que ciertas mujeres son de "mantenimiento alto". **Las muchachas y los muchachos deben aprender**

confiar sus "**esperanzas al Señor**". ¿Cuántas veces, al estar aconsejando a una pareja con problemas, he oído, "**Yo esperaba que** él o ella hiciera tal y tal"? **¡Cuidado jóvenes de "crear" en su mente ideas o esperanzas de lo que él o ella será o hará!**

20. No hay que "entregarse en yugo desigual". Ese "yugo" puede ser cosa de una <u>cultura diferente</u>, el <u>nivel económico</u> de la vida, la <u>posición en la sociedad</u>, <u>la edad</u>, etc. y no solamente de la condición espiritual.

21. Vale buscar una esposa **que estará dispuesta a seguirle a usted en la voluntad de Dios** porque **ella desea glorificar a Dios con su vida.** <u>Hay que buscar una esposa que servirá al Señor a su lado con ganas, aunque sea como misioneros, o pastoreando una iglesia; como fuera y en donde fuera.</u>

¡ALTO!

¿Usted leyó con cuidado los veintiún consejos?

Efesios 5:25-33 enseña la misma verdad: <u>el hombre ha de ser fiel a su esposa</u>, así como Cristo es fiel a Su novia, la Iglesia.

Cuando el Señor dijo al marido... *Bebe el agua de tu misma cisterna, y los raudales de tu propio pozo...* enseñaba que **el hombre debía ser fiel a su esposa y que también debía satisfacerse con ella.** El Señor sigue ese pensamiento en los versículos 18-19:

Sea bendito tu manantial, **_Y alégrate con la mujer de tu juventud,_** *como cierva amada y graciosa gacela.* **_Sus caricias te satisfagan en todo tiempo, y en su amor recréate siempre_** (Proverbios 5:18-19).

La idea de satisfacción es obvia. Estas palabras implican que el hombre debe guardarse de cualquiera influencia ajena que le daría la idea que otra mujer posiblemente ofrecería más placer o satisfacción. Lamentablemente, ha habido cantidad de hombres que han cometido el error de "comparar su esposa con otra mujer; quizás con una estrella de cine o una mujer que trabaja como "modela". Quizás las han visto en las películas o en una revista. Los hombres olvidan que esas mujeres solo **_"actúan"_** o juegan un papel. Las mujeres (y los hombres) que son pagadas para revelar o exhibir sus cuerpos, sea en las películas, los videos, o las revistas, etc. "venden" sus cuerpos.

Porque Dios nos ama y busca protegernos de las miserias que resultan cuando caemos en tentaciones… ¡No es extraño que las Escrituras nos advierten en cuanto a los deseos de la carne y los deseos de los ojos (1 Juan 2:16)**!** Estos deseos provienen del mundo.

La "satisfacción mencionada" se conecta vitalmente con la relación física. Aun los psicólogos del mundo reconocen que la actitud de una persona hacia otra persona, determina si la satisfacción que hay en la relación física, es cosa sana y saludable.

Dios dio estas verdades en Su Palabra hace muchos siglos, pero son verdades transcendentes y para nosotros hoy.

La "satisfacción" en estos versículos debe ser algo continuo por toda la vida, aun en la vejez. Hay que notar **que Él dice: "la esposa de tu juventud"** en el versículo 18, y **en "todo tiempo"** en el versículo 19 de Proverbios 5.

Puede hacerse la pregunta: ¿Por qué el hombre "abrazaría el seno de la extraña" cuando sabe que "… **los caminos del hombre están ante los ojos de Jehová?"**

¿Y por qué, hijo mío, andarás ciego con la mujer ajena, Y abrazarás el seno de la extraña? Porque los caminos del hombre están ante los ojos de Jehová, y Él considera todas sus veredas (Proverbios 5:120-21).

¿Cómo es posible todo esto? Dice Proverbios 23:7, *Porque cuál es su pensamiento en su corazón, tal es él.* El hombre puede evitar esos pecados y el juicio que sigue por **"pensar" correctamente en cuanto a su esposa.** Hay que "pensar" de acuerdo con lo que Dios enseña en Su Palabra. **Los pensamientos del hombre determinan su manera de actuar y vivir.** El versículo 7 nos dice eso. **Es necesario saber lo que Dios ha dicho y comprometernos a obedecer su Palabra,** y recordarnos continuamente, a través de los años, que nos hemos comprometido a obedecer y ser fiel a nuestra promesa (Eclesiastés 5:2-4; Malaquías 2:14-15).

¿Cuáles son los beneficios de comprometernos así? No solamente el **beneficio de agradar a Dios por obedecer Su Palabra,** pero también el beneficio de tener hijos que pueden bendecir a la humanidad.

¿Se derramarán tus fuentes por las calles, y tus corrientes de aguas por las plazas? (Proverbios 5:16).

En Malaquías 2:15 el Señor hace una pregunta y luego contesta Su pregunta. *¿No hizo él uno? Porque <u>buscaba una descendencia para Dios.</u> Guardaros, pues, en vuestro espíritu, y <u>no seáis desleales para con la mujer de vuestra juventud.</u>* El hecho que el versículo 16 refiere a los hijos se ve en el uso que el Señor hace de lenguaje similar en otros pasajes donde Él describe a los hijos como "aguas" de cierta fuente y las describe jugando en las calles. Véanse: Isaías 48:1; Oseas 13:15; y Zacarías 8:5. También, la palabra **"fuente"** refiere a la esposa en Levítico 20:18.

¡Cuando un marido y una esposa son fieles el uno al otro, tienen el gozo de saber que los hijos, que son como ríos de agua fresca a la tierra sedienta, son suyos!

Otro compromiso que debe hacer el marido es **que su "matrimonio y su hogar" sean una prioridad.** Esto aprendemos al leer Proverbios 15:16-17:

*Mejor es lo poco con el <u>**temor de Jehová**</u>, que el gran tesoro donde hay turbación. Mejor es la* *comida de legumbres donde hay **amor,** que de buey engordado donde hay odio.*

El hombre joven siente presión de muchos lados. Casi todo el mundo le dice que debe buscar y lograr el éxito. El único problema es que **la definición de la palabra "éxito" que entiende el mundo, y la que da Dios son diferentes.** El mundo cree que "ser exitoso" significa ganar mucho dinero y tener muchas posesiones. Si el hombre (marido) vive con **el éxito definido por el mundo como su prioridad,** él corre el riesgo de **ser negligente en cuanto a su familia.** Además, él puede caer ante la tentación de ser deshonesto para logar su propósito. El Señor enfatiza dos prioridades en los versículos citados de Proverbios 15:16-17. **El Señor enfatiza "el temor de Jehová y el amor".**

El temor de Jehová guardará al hombre de la deshonestidad; y amar a su esposa lo guardará de ser negligente en cuanto a su relación con ella. Todo eso suena sencillo; sin embargo, ¡cuán práctico es! Casi todo el mundo se da cuenta que la familia se está destruyendo, mayormente por la codicia y la negligencia. Dios nos muestra en estos versículos cómo evitar eso y ejercer prevención, y lo hizo hace muchos siglos.

TODO ESTO IMPLICA QUE: HAY QUE TOMAR UNA DECISIÓN.

Pero pida con fe, no dudando nada; porque el que duda es semejante a la onda del mar, que es arrastrada por el viento y echada de una parte a otra. No piense, pues, quien tal haga, que recibirá cosa alguna del Señor. **El hombre de doble ánimo es inconstante en todos sus caminos.**

¿Es usted "caprichoso"? ¿Hoy sí, mañana no? ¿Hoy fiel, mañana infiel?

¿Es usted hombre suficiente para tomar la decisión necesaria?

Dios busca a "hombres", no a muchachos débiles, pusilánimes, egoístas, mimados, volubles, que no se portan varonilmente. **Conviene que los hombres y las mujeres platican sobre estas verdades, y que toman decisiones antes de casarse, para que sepan cuáles serán sus prioridades y responsabilidades, privilegios, etc.** ¿Cuál sería el resultado si pasáremos más tiempo y esfuerzos aprendiendo y practicando el temor de Dios y el amarnos los unos a los otros, como la gente pasa buscando "ganar dinero"? Es obvio que tales esfuerzos resultarían en matrimonios felices y espirituales, para la gloria del Señor.

El que halla esposa halla el bien, y alcanza la benevolencia de Jehová (Proverbios 18:22).

<u>El hombre es quien debe buscar una esposa, y no lo opuesto.</u> Un hombre debe tener cuidado cuando una mujer "hace avances hacia él". La mujer que actúa agresivamente, ofreciendo invitación al hombre simple, según el escritor de Los Proverbios, es una prostituta que ofrece "aguas hurtadas". Esas mujeres no son las que deben buscarse con el propósito del matrimonio. Con esas no se halla la vida sino la muerte (Versículos 17-18).

Escoger esa clase de mujer podría ser un gran error. Aunque esa advertencia suena como consejo "anticuado", es cierto que es el hombre que debe tomar la iniciativa en cuanto a la búsqueda de una esposa. Claro, eso incluye el hecho que **el hombre debe orar que Dios le guíe a la mujer indicada** y correcta, según la voluntad de Dios, y que la mujer haga la misma cosa. Se implica que los dos, **el hombre y la mujer, están ya siguiendo al Señor.**

Obviamente, este versículo no se dio con el propósito o la idea de enseñar que "todo matrimonio" es una bendición de Dios. Algunos matrimonios son muy antipáticos y desagradables, como se ve en Proverbios 19:13 (*… Y gotera continua las contiendas de la mujer*) y 25:24 *(Mejor es estar en un rincón del terrado, que con mujer rencillosa en casa espaciosa)*. El versículo describe lo ideal, al cual hay excepciones obvias. Debemos recordarnos que el libro de Proverbios fue escrito para enseñarnos sabiduría, etc. (1:1-6), no para describir todas las situaciones en el mundo. Hay varios versículos en Proverbios que deben considerarse en esta manera; **describen la situación ideal,** no toda situación. Un ejemplo se halla en 16:7:

Cuando los caminos del hombre son agradables a Jehová, Aun a sus enemigos hace estar en paz con él (Proverbios 16:7).

Ha habido excepciones a lo que se dice en este versículo, no solo en los tiempos bíblicos, sino durante toda la historia de la iglesia. El profeta Daniel y los tres amigos hebreos son ejemples notables de los que agradaron a Dios, pero que sufrieron persecución a manos de sus enemigos. Aunque estos hombres fueron librados y hallados justos, hubo muchos más que no; véase Hebreos 11:35-40.

El comentarista, Charles Bridges, cuando comentó sobre el libro de Proverbios y este versículo, expresó palabras muy sabias, diciendo: "el hombre de Dios tendrá siempre enemigos, si no son de otras fuentes, serán de su casa". **Buscar "la paz" con ellos por sacrificar sus convicciones sería sacrificar también el "carácter".** Eso sería pagar un precio muy demasiado alto. <u>**Hay que conservar las convicciones y los principios bíblicos cuando haya enemigos, aun en la casa de uno.**</u>

En vez de describir toda situación en el mundo, este versículo **nos anima agradar al Señor, por describir la recompensa que uno recibe al hacerlo.** Se ha escrito, *Para dar sagacidad a los simples (Proverbios 1:4).* Lo mismo se puede decir de 18:22; allí se implica que aquel hombre ya aprendió "temer a Jehová, el Señor" como los capítulos anteriores le habían instruido, y que él confía en el Señor con todo su corazón, y no se apoya en su propia prudencia; reconociéndole a Dios en todos sus caminos, con la esperanza que Dios enderezará sus veredas (3:5-6).

Si lo dicho es cierto, el Señor guiará al hombre en la búsqueda de una esposa.

¿Está dispuesto a confiar en el Señor, y tener confianza en Su amor y Su habilidad de escoger por nosotros?

De esta manera el hombre alcanza benevolencia del Señor. **Es sabio que el hombre recuerda esto, cuando los momentos inevitables llegan y la esposa no le agrada en alguna manera.** Siendo que somos siempre seres humanos con una naturaleza vieja (pecaminosa), podemos esperar que habrá problemas en nuestro matrimonio. La verdad es que los maridos y las esposas no se agradan en todo momento; **el problema se agrava cuando, en esos instantes, los problemas no se tratan en manera espiritual (bíblica).** Cuando la esposa disgusta al marido, él se ayuda al recordar que **ella es bendición dada por Dios.**

Hay que recordar que Dios obró para que se casaran. Él ayudará perdonar, si es lo que la situación demanda, y tolerar, cuando el disgusto no es por una falta. **Una verdad cierta es que el esposo es pecador también.** Ni el hombre, ni la mujer, son perfectos en el sentido de no tener faltas o defectos. Es posible que a la vez que vivimos junto como esposos, encontremos características en el marido o la esposa que no nos gustan.

Note: Es importante reconocer que el novio y la novia pueden tener ideas, acciones y características que pueden molestar o disgustar. **<u>No hay que ignorar esas cosas.</u>** La cosa que disgusta durante el noviazgo debe reconocerse. No hay que creer que esa molestia desaparecerá después de casarse. Al contrario, la molestia puede agravarse y causar problemas serios. Algunas características no cambiarán jamás. Es muy sabia la **pareja que busca aconsejarse con su pastor u otra persona capacitada antes de comprometerse. <u>El "amor" no es lo único que hace falta para tener un matrimonio feliz</u>**.

Cierto hombre dijo, "Antes de casarme con mi esposa yo tuve la idea que ella era tan dulce que la podría comer, y ahora la cosa ha cambiado y yo lamento no haberla comido".

Por otro lado, hay hombres que son tan atentos y caballeros como novios y después de casarse se cambian en maridos bárbaros, no sensitivos.

Hay necesidad de la "tolerancia" en nuestras relaciones con otras personas, pero especialmente en el matrimonio. Es por eso que Efesios 4:32 dice:

*...con toda humildad y mansedumbre, soportándoos (tolerándoos) con paciencia los unos a otros **en amor**...* (Efesios 4:2)

Antes sed benignos unos con otros, misericordiosos, perdonándoos unos a otros, como Dios también os perdonó a vosotros en Cristo (Efesios 4:32).

Otro versículo similar es 19:14:
La casa y las riquezas son herencia de los padres; más de Jehová la mujer prudente.

El hombre debe buscar una mujer (esposa) prudente del Señor; no de una institución de educación, o de cierto sector de la sociedad. **Es más importante tener una esposa prudente que tener una esposa hermosa.** Bendito el hombre que encuentra de Jehová una esposa prudente y hermosa. Si el hombre tiene que escoger, mejor escoger la joven prudente. Es demasiado fácil para el **hombre joven quedarse cegado por la belleza de una señorita** y no poder ver más allá de lo físico. Es probable que nunca podremos escapar el magnetismo de la belleza física, pero el joven debe asociarse con la señorita bella suficiente para descubrir si ella posee prudencia. Después de la boda, las responsabilidades diarias de pagar las cuentas y los quehaceres de mantener la casa, pueden tener un impacto en la felicidad de la pareja.

Supóngase que el hombre descubre después de la boda que la esposa no es "prudente". Esto, junto con otras discrepancias **puede corregirse por obedecer los principios que se enseñan en los Proverbios.** La prudencia puede aprenderse. <u>**Ambos, el hombre y la mujer deben buscar la sabiduría en la Escritura, orar y creer que el Señor la dará.**</u> El Señor promete hacer eso en Santiago 1:5, *Y si alguno de vosotros tiene falta de sabiduría, pídala a Dios, el cual da a todos abundantemente y sin reproche, y le será dada.*

Hay dos versículos más que enseñan la clase de esposa que el hombre debe buscar: 21:9, 19:

Mejor es vivir en un rincón del terrado que con mujer rencillosa en casa espaciosa (Vs.9).

Mejor es morar en tierra desierta que con la mujer rencillosa e iracunda (Vs. 19).

La esposa del hombre ejerce mucha más influencia en su "felicidad" que una casa y otras posesiones materiales. Por lo tanto, sería sabio pasar más tiempo escogiendo la esposa correcta, que proveer una casa. Para hallar la esposa correcta, prudente, **será necesario observarla en diferentes circunstancias o contextos.** De esta manera sería más fácil descubrir si ella es de carácter cristiano, si es contenciosa, enojada, exigente, mimada y acostumbrada a lo lujoso, etc.

La verdad del versículo 9 es tan importante que se repite en 25:24. Si el hombre ignora o es negligente en cuanto a estas advertencias, descubrirá la verdad de 30:21, 23: *Por tres cosas se alborota la tierra… Por la mujer odiada cuando se casa (Vss.21 y 23).*

De nuevo, **vemos la sabiduría de cortejar una señorita durante mucho tiempo y bajo muchas circunstancias diferentes.** Ese tiempo sirve para que el hombre y la mujer pueden observarse y discernir como es el "carácter verdadero" de él y de ella.

<u>Vale que ese "tiempo de pretenderse" sea una cosa sana y para la honra del Señor Jesucristo. Los padres deben controlar y dar permiso sabio, con límites para ese tiempo.</u> Generalmente los jóvenes (hombres y mujeres) tienen responsabilidades y obligaciones en la casa, en la escuela y en la iglesia, etc. Pretenderse no debe impedir que ellos cumplen con las muchas

responsabilidades. Además, **no debe haber demasiada libertad, especialmente la clase de libertad que se presta a la inmoralidad,** etc. Una lección importante es "que <u>más tiempo los novios pasan juntos, más tiempo quieren pasar juntos"</u>. No conviene que los jóvenes se aíslan de sus familias y las actividades familiares. <u>**Los padres deben usar sabiduría en cuanto a eso, recordando los principios bíblicos.**</u> Los jóvenes deben honrar a su Salvador y Señor y a sus padres.

<u>¡ATENCIÓN!</u>

Porque <u>**el matrimonio es la primera institución divina y es para toda la vida (Mateo 19:4-6), los jóvenes deben escoger cuidadosamente según la voluntad de Dios.**</u>

Se entiende que puede haber lectores de este libro que se casaron antes de conocer al Señor Jesucristo, y quizás tienen la idea de haberse casado mal. Pueden preguntar, <u>**¿Cuáles son nuestras opciones en tal caso?**</u> La opción que da la Escritura es **"que sigan casados, y que buscan ahora aplicar los principios bíblicos a su matrimonio".**

Según el plan de Dios, <u>cuando una pareja se casa, sean salvos o no salvos, son casados.</u> El Señor espera la misma fidelidad de los no-creyentes que espera de los creyentes, en cuanto al matrimonio… un hombre con una mujer; que sean fieles el uno al otro y que cumplan sus votos.

<u>¿Qué remedio hay si uno "escogió mal"?</u> **Buscar al Señor y pedir Su ayuda** para que su matrimonio se convierta en "un pedacito del cielo". Sometiéndose a Él, eso puede logarse. El camino será difícil, pero el éxito es posible y vale la pena.

Si faltan, en el matrimonio, algunas de las características que se han estudiado de los Proverbios, hay esperanza. **<u>Siempre hay esperanza en Dios.</u>** Dios se describe como "el Dios de la esperanza" en Romanos 15:13. El hombre puede estudiar las Escrituras y orar en cuanto a sus faltas y pecados. Dios se preocupa más que nosotros para que nuestra situación se mejore. Él escucha siempre y está dispuesto a enseñar y bendecir al individuo con corazón sincero que le busca. **Un marido puede reconocer que él contribuye al fracaso del matrimonio. Él puede también orar por su esposa** y las necesidades de ella. Nunca debemos rendirnos y perder la esperanza. **Si la**

solución depende de nosotros, hay poca esperanza; pero si depende de Dios, hay mucha esperanza. El Dios que permitió la muerte de Cristo en la cruz del Calvario, ama a pecadores como nosotros, y Él siempre es capaz de salvar y cambiar la gente pecadora. Él siempre usa Su Palabra, un buen ejemplo y las oraciones de fe. <u>**El hombre tiene la responsabilidad de estar bien con Dios.**</u> Estar bien con Dios implica **arrepentirse, salvarse, y estar dispuesto a someterse a Dios y Su voluntad** definida en la Palabra de Dios y **vivir para la gloria de Dios.**

Si decimos que no hay remedio y seguimos el camino del mundo (la separación y el divorcio), decimos, prácticamente, que la Biblia no es la Verdad, o que no estamos dispuestos estar bien con Dios para que Él pueda contestar nuestras oraciones. El **mundo provee un camino fácil, pero no conforme a la voluntad divina y no resulta en la verdadera felicidad.**

Permitamos a Dios obrar en nuestras vidas y en nuestros matrimonios. Busquemos ser obedientes a Sus instrucciones, tengamos fe y confianza en Él, y confirmemos Sus promesas por medio de la oración.

Note: Muchos tienen la idea que el matrimonio es algo que requiere que el marido ponga 50% y la esposa 50%, y así logran el éxito. Pero no es así. El marido debe tener el propósito de poner 100% y la esposa debe tener el mismo propósito de poner el 100%. ¿Cómo es eso? Bueno, porque somos débiles y todos somos pecadores; no alcanzamos el 100% solitos (Romanos 3:23). Hay veces, cuando o el marido o la esposa no es creyente en Cristo como Salvador (1 Pedro 3:1) y no tiene deseo de vivir en obediencia a la Palabra de Dios. Pedro da un consejo a la esposa de un hombre inconverso, pero la misma verdad puede aplicarse al marido. Con la ayuda de Dios, Su Palabra y el Espíritu Santo podemos lograr lo que solos no podemos.

En este capítulo hemos presentado "lo ideal de Dios para el matrimonio" y algunas verdades para los maridos. Además, hemos dado consejos para los hombres jóvenes, no-casados; para que ellos eviten los errores prevalentes de la sociedad moderna y las miserias que resultan de casarse fuera de la voluntad de Dios. Maravilloso sería si todos los hombres jóvenes solteros, y los ya casados, honraran a Dios con sus vidas de solteros y casados.

PREGUNTAS ¿?

1. ¿Es usted Salvo? ¿Se bautizó después de recibir a Cristo?
2. ¿Es miembro de una iglesia que enseña la Biblia?
3. ¿Desea, en verdad, la voluntad de Dios para su vida y su matrimonio?
4. ¿Cree que Dios sabe mejor escoger esposa para usted?
5. ¿Cree usted, señor marido, que Dios provee las instrucciones para los casados?
6. ¿Se ha aconsejado con personas apropiadas? (Sus padres, su Pastor, sus maestros, etc.)
7. ¿Ha orado y pedido la sabiduría del Señor y para que Él obre en usted?
8. ¿Cuáles son las medidas que toma usted para lograr el éxito en la vida cristiana?
9. ¿Ha podido apreciar los éxitos y el ejemplo de las parejas cristianas en la iglesia donde usted es miembro?

CAPÍTULO DOS:

LOS PROVERBIOS PARA LAS ESPOSAS Y LAS SEÑORITAS

<u>Las Esposas</u>

<u>**La esposa ejerce mayor influencia en el hogar, más que cualquier otra persona.**</u> La esposa controla "el espíritu en el hogar". Muchas de las instrucciones que Dios da al hombre tienen implicaciones en cuanto a la esposa. Definitivamente, **si el hombre ha de tomar como esposa a una mujer virtuosa y prudente, la mujer tiene que ser una persona virtuosa y prudente.**

En Proverbios 5:15-21 vemos: *Bebe el agua de tu misma cisterna, y los raudales de tu propio pozo.* Las palabras de este versículo implican que el "agua está para tomarse;" eso es, **que la esposa (la ayuda idónea) busca satisfacer a su marido.** Así como tomar agua es absolutamente necesario para el bienestar físico del cuerpo y es una experiencia placentera a la persona sedienta, de igual manera, **la relación física del marido con su esposa es absolutamente necesaria para el bienestar del matrimonio.** No solo debe ser fiel a su esposa el marido y buscar satisfacerse con ella únicamente; la esposa debe asegurarse que la relación con ella satisface al marido. Tanto el marido como la esposa deben cumplir su deber y su parte (1 Corintios 7:1-6).

*En cuanto a las cosas de que me escribisteis, bueno le seria al hombre no tocar mujer; pero a causa de las fornicaciones, **cada uno tenga su propia mujer (esposa), y cada una tenga su propio marido.** El marido cumpla con la mujer el deber conyugal, y asimismo la mujer con el marido. La esposa no tiene potestad sobre su propio cuerpo, sino el marido; ni tampoco tiene el marido potestad sobre su propio cuerpo, sino la mujer. No os neguéis el uno al otro, a no ser por un tiempo de mutuo consentimiento, para ocuparos sosegadamente en la oración; y volved a juntaros en uno, para que no os tiente Satanás a causa de vuestra incontinencia.*

Estas palabras inspiradas, escritas por el apóstol, bien pueden usarse por el marido, o también la esposa, para propósitos ego-céntricos. **Hay razones justas y correctas porque ni marido, ni la esposa podrá cumplir el deber conyugal.** Hay que recordar que **"el amor" debe ser el factor dominante** en la decisión de no celebrar la relación íntima por un tiempo. Además, _el deseo_ de dedicarse a la oración es otra razón u otro motivo correcto.

El marido que ama a Dios y también ama a su esposa actuará con sensibilidad y ternura cuando haya tiempos de abstinencia. Sí, hay obligaciones para ambos, **pero el éxito del matrimonio no depende únicamente de las relaciones sexuales. Esta es una verdad sumamente importante.** No es lo ideal, pero es cierto que puede haber un matrimonio feliz y que honra a Dios, aun cuando, por razones legitimas, no hay intimidad física.

LA PERSONA QUE SE CASA SOLO PARA QUE EL MARIDO O LA ESPOSA LE COMPLASCA EN TODO Y EN TODO MOMENTO, SE DISOLUCIONARÁ Y SE SENTIRÁ DEFRAUDADA.

<u>**Lo bíblico, y por lo tanto lo preferido, es casarse para poder bendecir al individuo con quien se casa.**</u> **La mejor razón, después de querer glorificar y honrar a Dios, por la cual casarse es para "hacer feliz al hombre o a la mujer con quien se casa".**

Ya que estamos hablando de estos temas delicados, permítame hacer unas preguntas alusivas.

1. ¿Qué sucede si la esposa o el marido se enferma y padece de condiciones físicas que no los permiten "cumplir el deber conyugal"? (i.e. la esposa puede estar esperando bebé, etc.)
2. ¿Qué debe hacer el conyugue cuando el marido o la esposa tiene que ausentarse porque está prestando servicio militar? Quizás tiene que estar fuera por razón del trabajo, etc.
3. ¿Qué tal si el ambiente no se presta?

Es importante que ambos, el marido y la esposa, reaccionen con paciencia, comprensión, fidelidad, amor y ternura (1 Corintios 13:4-7).

<u>Algunos escenarios:</u> Parece una locura, pero una mujer negaba la relación íntima a su marido después de nacer su último hijo, porque ella decía que el sexo servía solo para la procreación, o tener hijos.

Hay <u>mujeres</u> que no hallan placer, ni satisfacción en la intimidad y por eso la niegan a sus maridos, o quizás la permiten, pero con incertidumbre; no de tal forma que el marido pueda ver que ella se complace. A la misma vez, hay hombres que solo buscan la satisfacción para sí mismos, y no se preocupan porque el sexo sea una cosa placentera para su esposa. Esos hombres deben aprender la lección que es para ellos preocuparse por sus esposas. Si el marido tiene paciencia y consideración para su esposa, muchas veces, él tiene la capacidad de lograr que la intimidad sea algo placentero para su esposa también.

Hay muchos escenarios increíbles. LA VERDAD BÍBLICA ES QUE EL MARIDO DEBE SER FIEL A SU ESPOSA, EN TODO MOMENTO, EN CUALQUIER Y TODA CIRCUNSTANCIA Y POR TODA LA VIDA. Esa es la voluntad y la ley de Dios. Probablemente será necesario hacer "ajustes" pero no hay (en el Señor) excusas.

La esposa virtuosa y prudente entenderá el papel que le toca a ella y buscará ayudar a su marido cumplir su deber conyugal delante de Dios.

La verdad de la importancia de la esposa se repite en los versículos 18-19 de capítulo 5: *... Y alégrate con la mujer (esposa) de tu juventud. Como cierva (venado) amada y graciosa gacela. Sus caricias te satisfagan en todo tiempo, y en su amor recréate siempre.*

La esposa debe ser la clase de mujer en quien el marido puede "alegrarse". Y esta característica debe continuar hasta la vejez, para que la "alegría" siga, como en la juventud. Casi todo el mundo se da cuenta que la atracción física inicial y su novedad pasan luego, y esa atracción puede convertirse en cosa común. Tener la actitud mental correcta en cuanto a la relación física es vital si ha de ser una relación que satisface. Aun los consejeros del mundo reconocen esto, y constantemente recomienden que los maridos y las esposas piensen de cierta manera antes de entregarse a las relaciones físicas.

Cuando Dios dio instrucciones a la esposa en Efesios 5:22-24, que ella debe someterse a su marido, Él no decía que esa sumisión debía ser pasiva o mecánica.   Al recordarnos que se hizo una comparación entre la relación del marido con la esposa y la relación de Cristo con Su iglesia, reconocemos que la sumisión de la esposa debe ser una cosa gozosa y activa, así como la iglesia, supuestamente, se somete y sigue al Señor Jesucristo.

La pregunta que encontramos en el versículo 20: *¿Y por qué, hijo mío, andarás ciego con la mujer ajena, y abrazarás el seno de la extraña?* implica que tal acción no sería necesaria, si el hombre se satisficiera con su esposa. Luego el versículo 21 nos recuerda que Dios ve todas las acciones y actitudes, tanto del marido y de la esposa, cuando el versículo dice, *Porque los caminos del hombre están ante los ojos de Jehová, y Él considera todas sus veredas.*

La mujer virtuosa es corona de su marido; Mas la mala, como carcoma en sus huesos (Proverbios 12:4).

El propósito de Dios al crear a la mujer fue que ella fuera una ayuda idónea para su marido (Génesis 2:18). Si ella fuera "carcoma en sus huesos" sería lo opuesto. Para que ella sea una "ayuda y una corona para su marido", es necesario que sea virtuosa. La mujer (esposa) virtuosa se describe con detalles en Proverbios 31:10-31; véanse los comentarios que se hacen al final de este capítulo.

Si la esposa es objeto de vergüenza para su marido, le causa dolor interno como "carcoma en sus huesos". Ese dolor interno es la clase del dolor más horrible. Ese dolor como "carcoma en los huesos" no tiene remedio. **Aunque un hombre puede perdonar, él nunca puede olvidar la vergüenza que ella le ha causado.** Podemos condenar esa actitud como algo malo, pero, lamentablemente, es la realidad. Por eso se da la admonición a la esposa que evite ser una vergüenza para su marido.

¡Cuanto mejor es ser una corona en su cabeza, que ser meramente un anillo en su dedo! ¿Qué es lo que distingue el rey del mendigo? La corona del rey. ¿Cuándo se convierte un hombre en un rey? Cuando es coronado. **El lugar de una esposa virtuosa es un lugar de dignidad;** eso es obvio a todo el mundo. La influencia de una esposa virtuosa en la vida de su marido es sin igual. Nada se compara con la corona de un rey. Nada se compara con una esposa virtuosa, prudente.

La mujer sabia edifica su casa; más la necia con sus manos la derriba (Proverbios 14:1).

La casa puede ser un edificio como es en 5:8 y 7:6, o puede ser *la familia* como es en 15: 27 y el Salmo 135:19-20. En cuanto al lugar de la esposa en la familia, más se dirá en el capítulo sobre la **madre.** Referente a su responsabilidad en cuanto a edificar una casa, 31:16, 18 y 24 muestran que ella debe participar económicamente. Mas se dirá en la discusión de esos versículos al final de este capítulo. Aquí, parece que la idea es más en cuanto a la conservación y el uso sabio de posesiones, y no tanto el desperdicio. La persona sabia edifica (contribuye); el necio desperdicia o derriba. Hoy día, cuando hay tanta riqueza, puede ser difícil distinguir entre lo necesario y lo lujoso. Necesitamos sabiduría del Señor en estos asuntos, como en todas las decisiones. Este versículo nos provee un principio por el cual podemos tomar decisiones. **Debemos evitar la extravagancia, y así evitar endeudarnos sobre manera y sufrir la pérdida de la casa.**

El cristiano puede confiar en el Señor. Él puede proveer una casa y lugar donde vivir. Aunque el contexto de Filipenses 4:19 es "misiones y el dar a misiones", el Señor, por Pablo, promete "suplir toda nuestra necesidad en Cristo Jesús." **En Mateo 6:33** el Señor promete, si buscamos primeramente a Él y Su justicia, **"añadir a nosotros todas las cosas por las cuales nos afanamos".** Puede ser que el Señor provea un apartamento alquilado, o puede proveer una casa comprada, de acuerdo con Su voluntad; en cualquier caso, la esposa debe evitar comprar o desear las cosas de gran lujo y costo, tal que se requiere grandes gastos o deudas que pueden resultar en la pérdida de la casa. ¿Cuán a menudo las gentes compran cosas no esenciales que ellos pasan de lugar en lugar, pero que nunca tienen su lugar o uso vital?

Mejor es lo poco con el temor de Jehová, que el gran tesoro donde hay <u>turbación</u>. Mejor es la comida de legumbres donde <u>hay amor,</u> que de buey engorado donde <u>hay odio</u> (Proverbios 15:16-17).

Repase los comentarios sobre estos versículos en el primer capítulo donde se menciona el marido. El énfasis aquí es sobre "prioridades"; para la pareja joven sus prioridades deben ser: (1) **Temer a Jehová** y (2) **Amar al Señor,** y que ame él a ella y ella a él. Por favor lea otra vez el capítulo uno.

Jehová asolará la casa de los soberbios; pero afirmará la heredad de la viuda (15:25).

Es difícil para los jóvenes preparar para la vejez o por la tragedia. Este versículo implica que la mujer debe pensar en el futuro y esforzarse por ser la clase de mujer cristiana que puede apropiarse de la promesa de este versículo. Siempre existe la posibilidad que ella se quede viuda. Eso puede ocurrir en cualquier momento o etapa de la vida. Debe haber preparaciones.

El hecho que este versículo no es una descripción de todas las situaciones en el mundo es obvio. Hay excepciones a estas palabras, como hay también excepciones a las verdades presentadas en otros versículos de los Proverbios. El libro de Proverbios no se escribió para describir cada persona, ni cada situación en el mundo. Este libro solo sirve para *dar sagacidad a los simples, y a los jóvenes inteligencia y cordura* (1:4). La idea aquí es que el individuo que se apropiaría de las promesas, ha buscado obedecer los mandamientos dados en los capítulos previos. Esa idea se halla en 1:5, <u>Oirá el sabio, y aumentará el saber, y el entendido adquirirá consejo.</u> La idea del "oír progresivo y la obediencia" es obvio. La misma idea se halla en 9:9. No podemos leer una promesa a la mitad de los Proverbios, y luego esperar que Dios cumpla la promesa para nosotros, si hemos ignorado o hemos sido negligentes en cuanto a la instrucción que Él ha dado en otros versículos.

Por lo tanto, si una mujer espera que el Señor haga provisión para ella en caso de una tragedia, ella debe buscar obedecer los mandamientos y vivir de acuerdo con los principios de este libro. Aun las viudas que se ayudan por las iglesias locales deben ser mujeres de buen testimonio en la iglesia (1 Timoteo 5:3-16). La mujer (esposa) viuda debe ser obediente en los asuntos "espirituales", pero también en las cosas "prácticas". Ella debe ser una persona honesta y también ejercer la frugalidad. Desafortunadamente, hay mujeres y hombres que malgastan sus recursos económicos. *...Mas el hombre (y la mujer) insensato todo lo disipa* (21:20b). Ninguna cantidad de ingresos sería suficiente para ellos. Sin embargo, se dice en 19:1, *Mejor el pobre que camina en integridad, que el de perversos labios y fatuo.* La implicación no es que es mejor ser pobre, sino que es mejor ser honesto.

En el libro de Proverbios hay mucha información en cuanto al uso correcto y sabio del dinero. Vea la lista de temas con los versículos alusivos al final del libro.

Él que halla esposa halla el bien, y alcanza la benevolencia de Jehová (18:22).

Este comentario debe aplicarse aquí también. El versículo no describe todos los matrimonios en el mundo, sino el matrimonio de dos personas que han buscado vivir conforme a los Proverbios. El hombre buscó la mujer, y no la mujer al hombre. Esto no significa que la mujer es totalmente pasiva en cuanto al matrimonio.

Es obvio que ella debe ser responsable y la clase de mujer que será una esposa aprobada según los Proverbios; si eso es cierto, ella puede esperar que Dios cumpla Su promesa dada en 3:5-6, y que Él *enderezará sus veredas.* **Si ella es obediente a la palabra de Dios y confía en el Señor para el marido correcto, el Señor honrará su fe y actitud.** Hallar esta clase de esposa es una cosa buena; ella es una *benevolencia de Jehová.* Seguramente, cada mujer cristiana desea ser "la benevolencia del Señor" para su marido, y que él la considere tal. Dios ha prometido que eso será cierto en la vida de la esposa prudente, virtuosa.

Y gotera continua las contiendas de la mujer (19:13).

Este versículo es uno de varios versículos que enseñan que la esposa tiene gran influencia en cuanto a la felicidad en el hogar. **Una esposa no será "contenciosa" (argumentativa) si ella se preocupa por obedecer los versículos de este capítulo.** Por ejemplo, ella **no será contenciosa en cuanto a la relación física si ella recuerda las palabras de 5:15-21.** No será contenciosa en cuanto a "no tener todo lo que otros tienen" si ella recuerda 14:1 y 15:16-17.

...Mas de Jehová la mujer prudente (19:14b).

Si una mujer desea considerarse "una esposa dada a su marido por Dios, ella debe comenzar temprano en su vida a aprender la "prudencia". La palabra hebrea que aquí se traduce _prudente_ en 19:14 es traducida _sabiduría_ en 1:3, _amonestado_ en 21:11 y _sabiduría_ en 21:16. Juntando todas estas palabras, vemos que ser prudente es tener "sabiduría y comprensión", y haber hecho caso a la "amonestación" del Señor.

Mejor es vivir en un rincón del terrado que con mujer rencillosa en casa espaciosa (21:9 y 25:24).

Mejor es morar en tierra desierta que con la mujer rencillosa e iracunda (21:19).

Gotera continua en tiempo de lluvia, y la mujer rencillosa, son semejantes; Pretender contenerla es como refrenar el viento, o sujetar el aceite en la mano derecha (27:15-16).

Las características no placenteras de una esposa que causan miserias en el hogar se describen con las palabras: contenciosa, rencillosa (peleadora), argumentativa e iracunda (furiosa). Ni el marido, ni la esposa debe atacar el uno al otro físicamente. Es increíble el número de hombres que abusan físicamente a sus esposas. A veces esos hombres no tienen el valor de pelear con hombres, pero porque la mujer (generalmente) es más débil, ella es objeto de ese abuso. El marido tiene en Cristo un modelo y patrón del esposo que "corrige" pero que nunca castiga. La disciplina es del Padre a Sus Hijos (Hebreos 12:7). **No se justifica en la Escritura el pegar a la esposa. El marido cristiano corrige a su esposa, pero lo hace con amor y ternura, no con golpes.** Vale leer Hebreos 12:10-12.

La disciplina que efectúa Dios en nosotros es una demostración de Su amor para con nosotros. Sin embargo, **no hay ningún pasaje bíblico que da derecho al hombre abusar físicamente a su esposa.**

El patrón o ejemplo que tiene la esposa se halla en Efesios 5:22-24. En estos versículos se enseña que, como la iglesia es sujeta a Cristo en todo, la esposa debe someterse al marido.

El marido no debe tomar el papel de "dictador, ni de un capataz". Al contrario, Efesios 5:18 y 21 enseñan que los cristianos debemos vivir "llenos del Espíritu Santo" o ser "controlados por Él". **Además, debemos "someternos unos a otros".** El marido y la esposa deben someterse el uno al otro. Dios manda al **marido someterse también, primero a Dios y luego a su esposa.**

¡OJO!

Es razonable pensar que será más fácil para la esposa someterse a su marido si ella ha dado cuenta que él es una persona que ama a Dios y a ella, y que él se preocupa por el bienestar de ella.

Es imposible que una pareja esconda sus pleitos. Intentar hacerlo es como intentar cubrir el olor de un perfume muy fuerte y barata que se ha aplicado a la mano; es imposible. Las parejas no deben permitir que los pleitos y argumentos siguen. Tarde o temprano se descubrirán, y el testimonio cristiano se afectará negativamente. El impacto es más fuerte cuando la pareja tiene posiciones de liderazgo en la iglesia. Los problemas no deben considerarse sin importancia. Deben solucionarse, o la causa de Cristo se afectará negativamente.

Fuimos hace muchos años a una iglesia de sordos en México. Di el mensaje esa mañana en español y el pastor misionero hizo la traducción para los sordos. Nos fijamos que una pareja de la congregación discutía algo. Estuvieron sumamente enojados. Aunque no hubo "palabras habladas", ellos discutían por señas de mano.

Aunque no hubo gritos, ni sonidos, las señas eran violentas. TODO EL MUNDO SE DABA CUENTA QUE DISCUTÍAN. Era evidente el disgusto de ellos. Así sucede con nosotros también. Las expresiones de las caras revelan que hay disgusto.

Por tres cosas se alborota la tierra… Por la <u>mujer odiada cuando se casa</u> (30:21, 23).

Otra vez, **<u>el énfasis se pone en la preparación para el matrimonio.</u>** Si la mujer no llega a ser la clase de mujer prudente descrita en los Proverbios, ella puede causar "alboroto en la tierra…" La palabra "odiada" se traduce *"enemigo"* en 25:21; *"contrario" en Ester 9:16; y "aborrecida" en el Salmo 36:2.* Obviamente todas estas características son contrarias a lo que fue la intención del Señor al crear la mujer. Su deseo para la esposa fue que fuera una ayuda idónea para su marido.

Sin duda, Dios puso tales versículos en el libro de Proverbios para mostrar que (1) La actitud de la mujer (esposa) influencia la felicidad en el hogar y (2) unas preparaciones deben hacerse si la mujer llegue a ser una esposa prudente. **¡Cuán grande responsabilidad les toca a las mujeres jóvenes y a las maestras que las enseñan!**

El pasaje clásico que describe la mujer virtuosa, 31:10-31, es sin duda el resume de todo lo que se ha dicho referente la buena esposa (prudente) en los Proverbios. Hay beneficio en recordar que estas son las palabras de la mujer (vs. 1) Betsabé, si es que ella las dirige a su hijo Salomón. Son palabras más llamativas cuando pensamos en su pasado y la manera que obró Dios en su vida y corazón.

Mujer virtuosa, ¿quién la hallará? Porque su estima sobrepasa largamente a la de las piedras preciosas (31:10).

Reconociendo que Salomón sería rico, como el heredero del rey David, ella le dio instrucciones diciendo que su riqueza no sería suficiente para comprar una mujer virtuosa. Se implica que la mujer que se casa solo para el dinero, no sería una esposa virtuosa. Encontrar y conseguir una esposa virtuosa requiere cosas de más valor que los rubís. Hay que recordar todo lo que se ha dicho en los capítulos anteriores referente a la preparación para el matrimonio.

El corazón de su marido está en ella confiado, y no carecerá de ganancias (31:11).

El marido de la mujer virtuosa sabe que ella es de confianza, y él no tendrá razón porque dudar de ella y su fidelidad. Ella no es "coqueta"; no es *una mujercilla cargada de pecado, arrastradas por diversas concupiscencias* (2 Timoteo 3:6-7). Ella se viste de ropa modesta (1 Timoteo 2:9); eso es, ropa que no revela o exhibe su cuerpo, o ropa que acentúa las partes femeninas o la fisonomía de su cuerpo; y su marido sabe por su manera de vestirse que ella no busca atraer la atención de otros hombres. Ella no permite que el mundo impío le dicte como vestirse; ella no se viste con ropa "solo porque está de moda"; al contrario, ella siempre considera como representará a ella y la relación con su marido. Ella es una mujer casta, obediente (Tito 2:5 y 1 Pedro 3:2). Ella ha aprendido amar a su marido (Tito 2:4), dejando saber, obviamente, que su marido no tiene por qué sospechar o dudar de ella.

Ella se contenta o se satisface con lo que él provee y no lo desperdicia, tal que él no tiene que buscar servir como soldado. (En los tiempos bíblicos, la gente o era pobre o rica. La única manera honesta que un hombre pobre podría conseguir más de las necesidades de la vida era prestar servicio militar, para que él podría tomar las posesiones (el botín de guerra) de los que él había vencido. Hoy día el marido puede buscar un segundo trabajo o tercero, etc. De esta manera él puede proveer para su familia y agradar a su esposa regañona.)

Le da ella bien y no mal todos los días de su vida (31:12).

¿Cómo puede una esposa dar a su marido mal? En los Proverbios vemos algunos ejemplos:
12:4, Ser como "carcoma en sus huesos"
14:1, Con sus manos "derriba la casa"
19:13, Ser como "gotera continua las contiendas de ella"
21:9, Ser "una mujer rencillosa"
21:19, "Mujer rencillosa e iracunda"
30:23, "Una mujer odiada"

Hay otros ejemplos en la Escritura:

Génesis 3:6, Eva tentó a su marido Adán desobedecer a Dios.
1 Reyes 11:1-5, Las esposas de Salomón "inclinaron su corazón tras dioses ajenos".
1 Reyes 21:25, Jezabel "incitaba a Acab hacer lo malo ante los ojos de Jehová".
En contraste a estas cosas, este párrafo habla de las cosas buenas que ella puede hacer, especialmente en los versículos 11-27.

Busca lana y lino, y con voluntad trabaja con sus manos (31:13).

En los tiempos bíblicos, solo los ricos tuvieron recursos para pagar a otra persona fabricar su ropa; los pobres tuvieron que fabricar su propia ropa. La ropa que nosotros compramos, ya hecha, fue cosa desconocida entonces. En parte es por eso que los soldados quisieron apropiarse de la ropa de Jesús cuando le crucificaron. La mujer virtuosa trabaja con ganas y ella no cree que el mundo (el gobierno, ni otra persona) le debe algo. Ella hace lo necesario para mantener el hogar. Mientras su marido, quizás, provea los fondos, ella usa el dinero sabiamente y obtiene lana y lino para la ropa de su familia.

Aun en nuestro tiempo moderno, cuando la ropa puede comprarse económicamente y fácil de lavar y planchar, sería bueno que la mujer joven virtuosa aprenda a coser y hacer alteraciones sencillas de la ropa. Eso es más necesario en nuestros tiempos porque es difícil encontrar ropa modesta y ropa apropiada.

Es como nave de mercader; Trae su pan de lejos (31:14).

Puede ser que el marido provea el dinero o puede ser que lo haga ella, pero ella consigue la comida.

"Traer el pan de lejos" implica que ella se esfuerza por conseguir "pan" o comida que no es necesariamente común. Ella se preocupa porque la familia tenga "comida" nutritiva y de lo mejor para ellos.

Se levanta aun de noche y da comida a su familia y ración a sus criadas (31:15).

Estas palabras describen la situación de la esposa y su marido. Ellos han prosperado tanto que tienen "familia" y obreros que trabajan en su negocio. Mientras el marido se encarga de supervisar los otros detalles del negocio, ella es responsable por las sirvientes. Ella es muy diligente como "mayordomo" y provee muy bien para los trabajadores.

Considera la heredad, y la compra, y planta viña del fruto de sus manos (31:16).

Esta esposa no se trata como "una posesión", sino como persona importante. Ella tiene acceso a las finanzas de la familia.
Ella se involucra en los negocios de la familia y puede comprar nueva propiedad. La palabra "considera" implica que ella ha recibido instrucción en estos asuntos y es capaz de tomar decisiones sabias. Puede ser de gran ventaja si

una esposa pueda recibir una educación formal. Hoy día, casi es imperativo. Una esposa preparada con una buena educación, puede beneficiar bastante la familia y ayudar al marido en asuntos financieros. Si es así, el marido no tiene que preocuparse; ella maneja bien la parte financiera que a ella le corresponde. Ella puede participar, con el marido, en las conversaciones referentes a los haberes.

Los versículos 18 y 24 muestran que la esposa puede involucrarse en las transacciones económicas. Por eso, concluimos que no es pecado que la esposa tenga una "carrera". Sin embargo, **<u>hay que notar que la familia y el hogar están al centro de la mayoría de sus actividades y de sus responsabilidades.</u> El problema se surge cuando la esposa es negligente en cuanto a la familia y el hogar.** No debe ella delegar sus responsabilidades a otros. La "carrera" de la esposa no debe tomar el lugar de sus responsabilidades como esposa y madre.

Es la esposa, no alguien que ella nombra o asigna a la responsabilidad, que "da comida a su familia". El versículo 27 dice que ella "considera los caminos de su casa..." no otra persona que nombra ella. El Señor es capaz de proveer para la esposa virtuosa muchas oportunidades, si ella desea seguir las direcciones que da Él.

Después en los versículos que hablan de la enseñanza que dan los padres, veremos que es siempre incorrecto y malo ser negligente en cuanto a los hijos; no hay excusa aceptable. Las circunstancias pueden ser difíciles, pero Dios ha prometido suplir toda necesidad; Él siempre proveerá para que la esposa/madre pueda trabajar, cuando sea necesario, en una manera que no requiere que ella sea negligente en el cuidado de los hijos y las otras responsabilidades que ella tiene en la familia.

Ciñe de fuerza sus lomos, y esfuerza sus brazos (31:17).

La mujer/esposa debe preocuparse por su salud, pero no necesariamente por las razones populares entre los no-creyentes. El motivo **no es ser más atractiva físicamente, sino más saludable.** Las dietas, el ejercicio y las otras novedades o modas populares pueden tener lugar en la vida, si el motivo es él de lograr o conservar la salud. El deseo de ser más atractiva físicamente presenta peligros. Claro, una dieta saludable y el ejercicio pueden resultar en ciertos beneficios, y que la persona sea más atractiva.

Ve que van bien sus negocios; Su lampara no se apaga de noche (31:18).

La mujer virtuosa se asegura de hacer trabajo de calidad. No es descuidada. Las comidas que ella prepara son nutritivas y deliciosas. La ropa que produce es de calidad. **Todo lo que ella hace es "para la gloria de Dios" (1 Corintios 10:31),** y por lo tanto se ve que ella ha dado su mejor, y que tiene un buen testimonio como seguidora de Cristo Jesús. Dios no se glorifica cuando la gente da excusas como, "no he ensayado, pero voy a hacer esto de todos modos". Si realmente vamos a hacer algo para la gloria de Señor, nuestros esfuerzos por hacer las cosas bien deben exceder los de la gente que hace lo que hace para ganar dinero o para aumentar su popularidad. "Van bien sus negocios" y ella reconoce que suple un buen producto o servicio; y ella bien lo sabe. Ella no pasa su tiempo en parranda nocturna. Ella usa bien su tiempo para lograr algo superior.

La dedicación de ella a sus responsabilidades no prohíbe o no debe impedir que ella tenga tiempos de descanso y recreo con la familia, pero sí, eso debe recordarnos que es importante **"usar bien el tiempo".**

Aplica su mano al huso, Y sus manos a la rueca (31:19).

La aplicación moderna de estas instrucciones sería que ella ha aprendido usar sus manos, además de usar su mente. Ella sabe usar máquinas de coser, computadoras, instrumentos de música, máquinas que se usan en la industria, etc. No es nuestra idea asignar a la mujer ciertas clases de trabajos estereotipados. Coser y cocinar son cosas que hombres pueden hacer también. Solo se presentan como ejemplos. Es sabia la mujer que sabe trabajar usando sus manos. Tal capacidad es algo raro, dado que hay tantos aparatos en el hogar ahora para ahorrar tiempo. Hay mujeres que tienen negocios fabricando ropa, preparando comida de diferentes clases, etc. Hay otras que saben limpiar casas, manejar vehículos, etc. Hay muchas cosas que una mujer puede hacer para facilitar que ella contribuya a las finanzas necesarias del hogar y la familia. Esas habilidades servirían por si acaso el marido se hiciera incapacitado físicamente, si ausentara o si muriera. La Palabra de Dios describe la "virtud y la piedad" en manera práctica.

Alarga su mano al pobre, y extiende sus manos al menesteroso (31:20).

Esta mujer/esposa es no solamente de confianza, fuerte, saludable, dada al trabajo, y una trabajadora superior, ella también se preocupa por los necesitados. Ella no es una persona egoísta o mezquina. Cuando las personas son tacañas, faltan algunas o todas las calidades nombradas arriba.

Un buen ejemplo de esta clase de mujer es Dorcas (Hechos 9:36, 39). La característica de "preocuparse por otros" es tan importante que el Señor la añade como una de las calidades requeridas para que una viuda recibe ayuda de parte de la iglesia. La ayuda no es solamente económica. Una viuda podría contratarse para ministrar a las mujeres, a otras viudas o a las personas necesitadas. No importa la interpretación que se da a la palabra, el Señor dejó bien claro que la viuda que se ayudaría, debía haber "practicado la hospitalidad, haber lavado los pies de los santos, haber socorrido a los afligidos, y haber practicado toda buena obra" (1 Timoteo 5:10).

De igual manera, Cristo nos manda "amarnos los unos a los otros, como Él nos amó a nosotros" (Juan 15:12). 1 Pedro 4:8 lo dice de esta manera, *Y, ante todo, tened entre vosotros ferviente amor; porque el amor cubrirá multitud de pecados.*

Cuando vemos la palabra "amor" o caridad en el Nuevo Testamento, debemos pensar en Juan 3:16. La palabra "caridad" viene de la misma palabra griega traducida "amó" en ese versículo. Los traductores usan esta palabra para enfatizar que este es el amor que "da". Al ver Juan 3:16, debemos recordar que amar como Dios ama, es amar y dar lo mejor; lo que hace falta.

La mujer/esposa virtuosa se describe usando estas palabras en Proverbios 31:20, y no es cosa insignificante. Al contrario, es una de las calidades más importantes en la Escritura, especialmente si el individuo desea "obedecer e imitar al Señor".

No tiene temor de la nieve por su familia, porque toda su familia está vestida de ropas dobles (31:21).

¡Es la mujer virtuosa que prepara para el futuro! Algunas personas han malentendido las palabras de Cristo en Mateo 6:19-34, pensando que "no debemos pensar en el día de mañana..." Cristo no condenaba las preparaciones sabias para el futuro. Eso es parte de la vida diaria. Cristo hablaba de la "codicia" que causa que una persona atesore cosas para el futuro y no obedece al Señor. Para que se quedara claro, Él dijo, en medio de Su discurso, "Ningún hombre puede servir a dos maestros" (Mateo 6:240). Esa es la clave. Si mis preparaciones para el futuro causan que yo desobedezco al Señor, sería pecado. Sin embargo, si mis preparaciones no impiden que yo sirva al Señor, entonces no es algo malo. El Señor dijo a Sus discípulos que hicieran ciertas preparaciones para el futuro. En Lucas 22:35-36, Él dijo, *Y a ellos dijo: Cuando os envié sin bolsa, sin alforja, y sin calzado, ¿os falta algo? Ellos dijeron: Nada. Y les dijo: Pues ahora, el que tiene bolsa, tómela, y también la alforja; y el que no tiene espada, venda su capa y compre una.*

También en Proverbios 13:22, el Señor nos dice, *El bueno dejará herencia a los hijos de sus hijos;*

Los doctos nos dicen que la escarlata se obtiene del insecto *kermes*, que se alimenta de cierta especie de árbol, roble. Al meditar en esa verdad, daríamos cuenta que se requiere mucho trabajo conseguir tinta suficiente para tintar una ropa. Para proveer escarlata para su familia, la mujer virtuosa tendría que dedicar mucho tiempo y esfuerzo. Aquí, otra evidencia que ella es diligente y que desea que su familia tenga lo mejor posible.

Ella se hace tapices: de lino fino y púrpura es su vestido (31:22).

Ya que ella se ha mostrado sin egoísmo por proveer abundantemente para su familia y también a los necesitados, no hay problema si ella busca ropa hermosa para sí misma. Tapices, lino y púrpura hubieran costado caro, pero esta mujer ya ha comprobado que ella no se da a excesos (véanse los versículos 11 y 20). No es nada malo que una mujer de confianza, trabajadora, dada a la caridad y no al exceso, tenga ropa hermosa y quizás un poco cara. Dios, en ningún pasaje, dice que "la pobreza" es mejor. Él sí promete prosperidad a los que le obedecen. Esta mujer es ejemplo de que Dios honra a los que le honran a Él, siendo la clase de persona que es obediente a la Escritura.

La confirmación que ella no es una persona egoísta o dada a los excesos, se ve en el hecho que ella hizo su ropa. Otra vez vemos evidencia de su habilidad y trabajo.

Es un honor que el hombre tenga una esposa hermosa en su aspecto. Es evidencia de la bendición de Dios en la vida del cristiano obediente. Él bendice a los que le sigan y obedecen la Escritura.

Su marido es conocido en las puertas, cuando se sienta con los ancianos de la tierra (31:23).

¡Un hombre puede lograr el éxito cuando tiene esta clase de esposa! Ese hombre se siente feliz en el hogar; él no se preocupa por la fidelidad de ella, ni que ella malgasta los bienes o que es perezosa. Este hombre descansa sabiendo que ella se preocupa por el bienestar de la familia con diligencia. Él ha podido dedicarse a su oficio y su éxito es obvio.

Hace telas, y vende, y da cintas al mercader (31:24).

Junto con lo dicho en los versículos 16 y 18, se ve que ella se involucra en ganar dinero. Su trabajo es un trabajo fino.

Fuerza y honor son su vestidura; y se ríe de lo por venir (31:25).

¡Aunque se viste ropa fina (v. 22), la gente se fija principalmente en su fuerza y honor, y no en lo que tiene puesto! Ella no es como la mujer descrita en 11:22, (*Como zarcillo de oro en el hocico [boca] de un cerdo es la mujer hermosa y apartada de razón*). La hermosura de ella se halla en su "carácter y éxitos" y a la vez, posee una apariencia placentera.

Porque su hermosura no depende de la ropa, ella regocijará en los tiempos futuros. Y ha hecho preparaciones para el futuro (16 y 21); así que es su trabajo que le da mucha confianza y mucho gozo.

Abre su boca con sabiduría, y la ley de clemencia está en su lengua (31:26).

La mujer que posee las características de los versículos 11-25, posee gran sabiduría. Una persona puede aprender "cosas" en la escuela, pero la sabiduría se aprende por medio de la aplicación de la verdad en las maneras que se han platicado en este párrafo. Esta mujer ha recibido entrenamiento y preparación; ha aprendido fabricar la ropa, preparar comidas, comprar propiedades, plantar viñas, negociar y planear para el futuro. ¡Es de valor y beneficio "escuchar" a tal mujer! Al estudiar los versículos sobre la crianza de los niños, veremos que ella juega un papel muy vital en el entrenamiento de los niños. **Los hijos sabios escuchan a una esposa y una madre tan sabia. Ellos hacen el bien cuando prestan atención a ella.**

Esta sabiduría se presenta con ternura. Ella ha aprendido como atender a su marido, relacionarse con sus empleados y aun negociar con las personas comerciantes. En vez de manifestar una arrogancia hacia las personas que no han logrado lo que ella ha logrado, ella recuerda que también tuvo que pasar por un tiempo y proceso de aprendizaje, antes de gozarse del éxito. Ella muestra paciencia con los pobres y necesitados, recordando el tiempo cuando ella tenía pocas posesiones. Ella recuerda cuando le tocaba trabajar con las manos y plantar su viña.

Cuando 1:8 exhorta al hijo no abandonar "la ley de su madre", tenía en mente esta ley de la gentileza y paciencia.

Considera los caminos de su casa, y no come el pan de balde (31:27).

Quizás, la razón porque este versículo se da casi al final del párrafo, es para recordarnos que, **en todos su labores y éxitos, ella nunca descuida a su familia.** Dios siempre nos recuerda de las prioridades que Él nos enseña para lograr el éxito en la vida.

Se levantan sus hijos y la llaman bienaventurada; y su marido también la alaba; (31:28).

La recompensa de ser una "mujer virtuosa" se describe en este párrafo y es "la alabanza de sus hijos adultos, y de su marido exitoso". **¡Qué gozo y alegría saber que uno ha contribuido al éxito y la felicidad de toda la familia!** Al contrario, **¿Cuántos hombres y mujeres mayores de edad son amargos y resentidos, porque están cosechando lo que sembraron en los muchos años de su juventud?**

Muchas mujeres hicieron el bien; Más tu sobrepasas a todas (31:29).

Ciertamente es cosa buena practicar la "virtud" pero, definitivamente, es mucho mejor "ser virtuosa". **La calidad de lo que uno "es" excede lo que uno "hace".** En el tribunal de Cristo, toda obra del cristiano, cual sea, será "probada" por el fuego (1 Corintios 3:13). **El Señor** aclarará también lo oculto de las tinieblas y **manifestará las intenciones de los corazones** (1 Corintios 4:5). **Sin duda Dios se preocupa con lo que "somos" más** que **con lo que hacemos;** Él sabe que lo que somos determinará la clase de cosas que hacemos. Frecuentemente se dice "que el hombre busca mejores métodos" pero Dios busca "mejores hombres". En verdad Dios busca a "mejores mujeres" tal que Él describe en Su Palabra **la clase de mujer/esposa que le agrada a Él, y que Él con gusto y placer recompensa.**

Engañosa la gracia, y vana la hermosura; La mujer que teme a Jehová, esa será alabada. (31:30).

La razón porque la mujer virtuosa ha sido virtuosa es porque ella "teme a Jehová". El temor de Jehová se describe en dos lugares en este libro:

8:13, ***El temor de Jehová es aborrecer el mal;***

16:6, *Y con el temor de Jehová los hombres **se apartan del mal.***

De estos versículos aprendemos que "el temor de Jehová" no es la clase de temor que causa que uno huya; no es el temor de un cobarde. Ese temor **motiva al hombre buscar al Señor, porque él desea apartarse del mal y obedecer al Señor.** Dios nos recuerda que la mujer hace lo que hace, por razón de lo que es. **El temor de Jehová es el gran motivo.** Porque es así, ella será alabada por su marido, sus hijos (v. 28) y, además, por el Señor en el tribunal de Cristo (1 Corintios 4:5).

Dadle del fruto de sus manos; Y alábenla en las puertas sus hechos (31:31).

Quizás, este versículo debe estudiarse mejor en el capítulo sobre los maridos y los hijos, ya que es una exhortación para ellos. Nosotros no debemos esperar para el tribunal de Cristo, debemos hacer lo posible para alabar a la mujer virtuosa en esta vida. Sin duda, ella recibirá alabanza de sus éxitos, de acuerdo con estos versículos.

Al considerar todo lo que se estudia en estos versículos, puedes ser que la mujer crea imposible vivir conforme a tantos requisitos. Esa es la reacción de algunas personas cristianas sinceras al ver la diferencia en lo que la Escritura enseña y lo que es la realidad en sus vidas. Podemos tener la victoria sobre esa clase de desánimo, cuando reconocemos que Dios no nos ha mandado hacer cosas que son más allá de nuestra habilidad… cuando las hacemos en el poder del Espíritu Santo y con la ayuda de Cristo (Filipenses 4:19).

Nuestras responsabilidades son tres: **(1)** aprender lo que se enseña en la Escritura, **(2)** confesar nuestras debilidades y fracasos y **(3)** esforzarnos por obedecer. Juntos con el apóstol Pablo podemos decir: ***Hermanos, yo mismo no*** *pretendo haberlo ya alcanzado; pero una cosa hago... prosigo a la meta, al premio del supremo llamamiento de Dios en Cristo Jesús.*

Consejos de Mi Esposa Virtuosa, Hermana <u>Pati de Green</u>:

¡La señorita cristiana debe vivir tan cerca a Dios, que el hombre joven que la busca tendrá que buscar a Dios para encontrarla!

¡Un día, un hombre joven cristiano entrará en su vida, y entenderá entonces porque ningún otro ha resultado!

¡Mientras espera que se abra esa puerta, alabe al Señor en el vestíbulo y sirva a Él!

¡Esperando y encontrando al hombre que el Señor tiene preparado para usted, siempre valdrá la espera!

Consejos Para Las Señoritas

Hay varias palabras que toda señorita debe aprender y usar con autoridad:

¡NO!

¡NO, NUNCA!

¡PREGUNTA A MI PAPÁ!

¡NO ME TOQUES!

¿HAS ORADO?

Estas son unas de las palabras que toda señorita debe saber y usar con autoridad. **Si una señorita desea honrar al Señor Jesucristo y llegar a ser una mujer prudente, virtuosa, tendrá que tomar decisiones de acuerdo con la enseña bíblica.** En los Proverbios hay muchas palabras sabias que caen bien. **Ella debe comenzar ya a "prepararse".**

La señorita que desea servir a Dios y ser una "mujer virtuosa" debe reconocer ciertas diferencias que existen entre los hombres y las mujeres. Dios hizo al hombre y a la mujer iguales. Ninguno de los dos es superior al otro, pero Dios los hizo diferentes con un propósito. Dios creó al hombre y a la mujer. El "diseño divino" en ambos es especial y muy importante. Es triste que actualmente hay movimientos y esfuerzos que buscan que los hombres "sean como las mujeres, y las mujeres como hombres". La confusión que se ha causado por esos movimientos ha sido muy dañina en las relaciones entre los hombres y las mujeres y en los matrimonios. En los ojos de Dios los dos tienen valor igual, pero debe haber sumisión y liderazgo sensitivo, amoroso y tierno.

Algunos hombres tienden a ser "cazadores". A ellos les gusta lo que sienten cuando "conquistan" a una mujer. **Es cierto que el hombre debe tomar la iniciativa en cuanto a buscar esposa,** pero los hombres que solo viven para "la conquista" quizás nunca resultarán buenos maridos o padres responsables. **Por eso, las jóvenes deben tener cuidado.** El hombre <u>salvo</u>, maduro, y <u>controlado</u> (lleno del) <u>por el Espíritu Santo</u>, se preocupará menos por la "caza" y más para la "casa".

El hombre, normalmente, es afectado más por lo que él "ve" o a veces lo que "no ve". Por eso **la mujer debe reconocer que, si ella se viste inmodestamente, ella puede convertirse en "piedra de tropiezo".** El revelar grandes porciones de su cuerpo, vistiéndose con <u>ropa escasa</u> no ayuda en nada al hombre y no honra al Señor. Si ella se viste con <u>ropa muy apretada</u> que revela la fisonomía del cuerpo, también puede causar que el hombre la codicie.

La reacción de algunas mujeres ante estas palabras puede resultar en que ellas digan: "Yo tengo la libertad y el derecho de vestirme como a mí me gusta; no importa lo que sienten los hombres. No es mi problema, sino el problema de los hombres con sus mentes sucias". Otro dicho: "Yo me visto para mí, y no para nadie más". Lamentablemente, estas son palabras de mujeres egoístas que solo piensan en sí mismas.

En el principio, cuando pecaron Adán y Eva, muy luego, ellos reconocieron su desnudez física. Ellos hicieron **delantales** de hojas para cubrir su desnudez, pero <u>Dios</u>, luego, <u>hizo **túnicas** de piel</u>

de animal para cubrir su desnudez. **Una túnica no sería tan reveladora como un delantal de hojas.** Dios los cubrió, pero también los enseñó una lección en cuanto a la modestia.

En realidad, **la lección principal fue que "el pecado solo se cubría por el sacrificio de un animal inocente".** La muerte de ese animal (probablemente un cordero) señalaba y profetizaba el sacrificio del "cordero de Dios", el Señor Jesucristo. Cristo, con Su sangre, no solo cubre el pecado, Él lava y nos limpia de los pecados (Hebreos 9:11-14).

Si una persona (hombre o mujer) cree en el Señor Jesucristo como Salvador y Señor, tendrá el deseo de honrarle a Él y glorificarle a Él por medio de vestirse modestamente.

Los jóvenes (mujeres y hombres) deben entender eso.

La **mujer virtuosa se cuida y preserva para el matrimonio la exhibición de su cuerpo.**

Desde el principio, el propósito de Dios ha sido que el sexo se experimente en el contexto del matrimonio (Génesis 1:27-28; 21-25). **La relación sexual entre personas solteras es la**

fornicación. Entre una **persona casada** con **una persona que no es su conyugue** es el **adulterio. La mujer virtuosa reconoce que la relación íntima es una cosa santa y se guarda para honrar al Señor y a su marido** (1 Corintios 6:19-20). Ellas deben orar y pedirle a Dios que Él las dé un marido que cree igual.

<u>**Jóvenes/señoritas, sométanse a sus madres santas y a las maestras espirituales (mujeres virtuosas).**</u> Buscan aprender de ellas todo lo que se pueda.

Aprenden a: cocinar, mantener la casa, cuidar la ropa de la familia (incluyendo como coser), cuidar a los hijos, cuidarse a sí misma físicamente, "comprar y negociar", ser una "dama" que tiene conocimiento de la ética y portarse apropiadamente como mujer que Dios creó para que ella fuera una "ayuda idónea" para el marido **(los hombres ciertamente necesitan ayuda).** Que la relación bíblica entre la mujer y su marido provea seguridad para ella. Que, al casarse, la esposa y el marido **no** tendrán la misma relación de antes, con los padres (Génesis 2:24). Ella debe ser leal a su marido, más que a sus padres (Él a ella también). Ella debe "seguir" a su marido en vez de seguir a sus padres. Ella y él deben dejar sus padres, y unirse como pareja y formar una nueva familia.

Sigamos: Aprenden el significado de "ser una sola carne" y su importancia en el matrimonio. Deben aprender las definiciones de las diferentes palabras bíblicas traducidas "amor" del griego y las palabras que son populares hoy día.

a. "agape": significa darse a sí mismo para servir y estimar a otro. Esta es la clase de amor que tiene Dios para la humanidad.

b. "fileo": es el amor entre amigos y es emocional y cuidadoso

c. "romántico": es el amor sentimental y una fantasía. No es amor verdadero. Es "pasajero".

d. "eros": es carnal y refiere a la pasión sexual. Ese amor se interesa en aprovecharse de otra persona. Sin embargo, la relación sexual entre esposos puede celebrarse con pasión.

Aprenden: que su conyugue debe ser "su mejor amigo". Ella, ni él, debe "criticar" a su conyugue, especialmente con sus padres, amigos, etc. **La crítica pública destruye la confianza de uno en su esposa o marido.** El marido puede vivir confiadamente cuando sabe que su esposa no anda hablando de él y sus debilidades o defectos, etc. **Sería bueno que la pareja tenga un pacto entre sí de no criticar el uno al otro.** Lo correcto, cuando haya un desacuerdo o un disgusto, sería hablar directamente con el marido o la esposa. Solo ellos pueden resolver la situación problemática.

"El pacto matrimonial es una promesa de amor y de compañerismo. Al unirse en matrimonio, un hombre y una mujer, creados a la imagen de Dios, descubren que pueden proveer la necesidad mutua de cariño, simpatía, plena aceptación, y de estima. Cada uno tiene que ceder algo por el bien del conjunto y para satisfacer las exigencias de su cónyuge." Palabras de Donald y Vivian K Bond, *La Familia Cristiana*, EBI.

Ya hemos visto versículos en los Proverbios que enseñan que la relación íntima entre el marido y su esposa es una cosa buena y que sirve para "el placer físico, para engendrar hijos y para glorificar a Dios. Es increíble que algunas personas enseñan que el sexo, aún en el matrimonio, no es cosa buena y ordenada por Dios. Veamos Génesis 1:27-28,

*Y creó Dios al hombre a su imagen, a la imagen de Dios lo creó; **varón y hembra los creó.** Y los bendijo Dios, y les dijo: **Fructificad y multiplicaos;** llenad la tierra, y sojuzgadla, y señoread …*

Hay que reconocer que Dios mandó al hombre y su mujer producir fruto (hijos) y multiplicarse. Algunos suponen que el pecado que cometieron Adán y Eva fue "tener relaciones sexuales". **¡Dios mandó a ellos tener relaciones sexuales! <u>Jamás juzgaría o condenaría Dios a alguien por hacer lo que Él mandó.</u> En el contexto del matrimonio, la relación sexual no es pecado. ¡Fuera del matrimonio, SÍ!**

Algunas de las mismas personas proponen que María, la madre de Jesús, no habría sido santa, si ella hubiera tenido hijos con José, su marido legítimo. Al contrario, si ella hubiera negado a José, su legítimo esposo, las relaciones normales, bíblicas, sería una violación de la Escritura. Ella fue una mujer virtuosa, virgen y santa al concebir a Jesús. Siguió siendo una mujer santa y virtuosa, y en Mateo 1:25 se dice que "José no la conoció hasta que dio a luz a <u>su hijo primogénito; y le puso por nombre JESÚS</u>". Este versículo **no** dice <u>**"hijo unigénito".**</u> Aunque ella fue la madre del hombre Jesús, sería un error exaltarla de tal manera que se adore como diosa. <u>**Solo Dios debe adorarse.**</u> A propósito, "Jesús" es el nombre del hombre; y "Cristo" es el nombre divino de Él. Jesucristo es Dios/hombre (Isaías 7:14; 9:6).

La Biblia habla claro y fuerte diciendo que hay personas que "escuchan a doctrinas de demonios". Pablo dice en 1 Timoteo 4:1-3, *Pero el Espíritu dice claramente que en los* ***postreros tiempos algunos apostatarán de la fe, escuchando a espíritus engañadores y a doctrinas de demonios... <u>prohibirán casarse,</u>*** *y mandará abstenerse de alimentos que Dios creó para que con acciones de gracias participasen de ellos los creyentes y los que han conocido la verdad.*

Es cierto que no todo el mundo tiene que casarse. Aun Pablo dijo que una persona podría quedarse soltera para poder servir a Dios, pero no todo el mundo tiene el "don de continencia" (1 Corintios 9:5; 7:1-9). Cuando una institución (mayormente una eclesiástica) pasa un edicto diciendo que los religiosos no pueden casarse, se abre la puerta a muchas clases de abuso.

Es de notar que la Biblia dice que el pastor, el anciano o el obispo (tres títulos y descripciones de responsabilidades para el mismo individuo que hoy es llamado "pastor") debe ser "el marido de una sola mujer" (1 Timoteo 3:1-7). **El matrimonio es algo importante en la vida del individuo que Dios usa en el ministerio del Evangelio de Cristo.** Seguramente, el ministro de Dios tiene gran ventaja al ser casado con una mujer virtuosa. Vale que la esposa del ministro tenga el deseo de servir a Dios juntamente con su marido. Si ella no tiene ese deseo de corazón, ella puede impedir que Dios bendiga el ministerio de su marido.

¡EL ANDAR EN ARMONÍA CON DIOS, EL CREADOR, PRODUCE PAZ Y GOZO!

Un principio: <u>La mujer tiene más influencia en el hogar y en el noviazgo. Ellas controlan el espíritu en el hogar.</u>

La señorita tiene el poder en el noviazgo. El hombre hará lo que ella permite y tomará libertades no correctas. La mujer sabia no permite las actividades que son pecado y que no honran a Dios y a Su Palabra.

CAPÍTULO TRES

Los Padres de Familia

Oye, hijo mío, la instrucción de tu padre, y no desprecies la dirección de tu madre; Porque adorno de gracia serán a tu cabeza, y collares a tu cuello (Proverbios 1:8-9).

Ambos los padres y las madres tienen la responsabilidad de instruir (enseñar, criar, etc.) a los hijos, y por eso damos la enseñanza para los dos en un solo capítulo. **Es imperativo que los padres y las madres estén de acuerdo y colaboran en la crianza (instrucción) de los hijos.**

El **padre** de familia ha de **instruir** (Deuteronomio 6:1-9); la **madre tiene la ley**. Si el padre ha de instruir, es necesario que él haya aprendido los principios bíblicos que le toca enseñar, y que él viva esos principios. Una parte necesaria de la instrucción es "el ejemplo"; los hijos aprenden mejor lo que "se ve" que lo que se escucha. La materia o los principios que el padre debe enseñar se presentan aquí en los Proverbios. La lista de temas que se presentan, en orden, en este libro debe servir de ayuda. Es importante notar que algunos temas, como la inmoralidad, se estudian en varios lugares en el libro. Es así, porque Dios sabe que la "repetición" nos ayuda aprender. La repetición sin variedad puede resultar aburrido. Es por eso que Él da en diferentes lugares del libro de Proverbios, los temas repetidos, pero de una variedad de puntos de vista interesantes.

Sería un error muy grave que el padre dejara toda la instrucción espiritual o bíblica a la iglesia o a la escuela cristiana. **La instrucción en la iglesia o en una escuela cristiana debe reafirmar la enseñanza que los hijos reciben de los padres en el hogar.** No hay sustituto para la enseñanza personal que dan los padres.

Sería sabio que el padre imitara el ejemplo de Dios Padre en cuanto a la instrucción. En vez de seguir la "misma rutina" cada vez, él debe buscar "variedad" al enseñar, así como Dios da instrucción con variedad, aunque sea del mismo tema. La instrucción con "variedad" será de más interés y más eficaz.

El "altar familiar" no debe convertirse en una sesión de sermonear. Se puede dar instrucción, pero hay que recordar que debe ser un tiempo de lectura bíblica, oración y adoración de Dios. Hay que evitar que sea un tiempo que los hijos aborrecen o temen. En Efesios 6:4, Pablo exhorta a los padres, *Y vosotros, padres, no provoquéis a ira a vuestros hijos, sino criadlos en disciplina y amonestación del Señor.* Si nos damos cuenta de algo que afecta negativamente a los hijos, debemos buscar cambiarlo. Por decir eso, no queremos faltar en cuanto a la "disciplina"; estamos hablando de "criar a los hijos en disciplina y amonestación del Señor". Según la definición dada por Trench en su libro de sinónimos en el Nuevo Testamento, "criar" es dar la enseñanza usando "palabras". "Amonestación" es entrenar por "los hechos y la disciplina". Por lo tanto, debemos usar el "sentido común" y **evitar el uso de métodos que resultan en que los hijos "aborrezcan" el tiempo devocional familiar.**

Todo el mundo ha tenido un maestro o una maestra con una disposición placentera, que tenía conocimiento amplio de la materia, y que pudo demostrar la eficacia y la aplicación a la vida. ¿No debe ser así cuando los padres den la enseñanza espiritual a sus hijos? ¡SÍ!

Mientras instruye el padre, a la madre le toca la ley. **Ella tiene la responsabilidad de asegurar que se cumpla la instrucción del padre.** Este arreglo no tiene el propósito de separar los dos, o las responsabilidades. El padre y la madre deben instruir, y ambos deben cuidar que haya cumplimiento de la enseñanza. Este arreglo permite concentración y énfasis. La mujer/madre virtuosa, de acuerdo con la Escritura, pasa más tiempo con los hijos que el padre (véase los comentarios en 31:10-31 en el capítulo que trata el tema de la esposa). Por esta razón, ella tendrá más oportunidad ver y cuidar que haya cumplimiento de la enseñanza. **Este arreglo requiere que los padres (madre y padre) estén de acuerdo en cuanto al reglamento, las consecuencias de la desobediencia y las recompensas cuando hay obediencia.** Los hijos no deben esperar que los padres se contradigan. Si uno de los padres dice, "No" que el hijo no vaya con el otro buscando un "Sí". Esta situación existe a veces, porque es más fácil lograr que la madre permita algo que el papá ha prohibido. Padres, vale preguntar, "¿Qué dijo tu mamá, o tu papá?" Si los padres se ponen de acuerdo de ante mano, no habrá confusión.

La "ley de la madre" seguramente incluye la "ley de la clemencia" (31:26).

Oíd, hijos, la enseñanza de un padre, y estad atentos, para que conozcáis cordura, (4:1).

La instrucción del padre debe ser para todos los hijos (niños y niñas); no debe haber "favoritismo o consentidos". Según el siguiente versículo en los Salmos, cada hijo es una bendición dada por Jehová. *He aquí, herencia de Jehová son los hijos; Cosa de estima el fruto del vientre* (Salmo 127:3). Cada hijo debe criarse en disciplina y la amonestación del Señor. Ya que Dios no muestra "favoritismo" (Romanos 2:11 y seis otros pasajes bíblicos), no deben los padres humanos tampoco.

Porque os doy buena enseñanza (doctrina); No desamparéis mi ley, (4:2).

La instrucción dada por los padres debe ser bíblica, y de doctrina. Para lograr eso, el padre debe prestar atención a la predicación y a la enseñanza en la clase bíblica de la iglesia y, además, él debe ser diligente en el estudio personal de la Biblia. Él debe enfatizar la enseñanza de las doctrinas (verdades) básicas que sufren ataques por el enemigo: la creación, la inspiración y la preservación de la Escritura, la salvación por la gracia de Dios sin las obras, y la fidelidad y como ser miembro de la iglesia local. La enseñanza de los Proverbios ha enfatizado la separación del pecado (1:10-19), la sabiduría (1:20-33) y la relación que uno debe tener para con Dios (2:5; 3:5-12). **¡Se requiere bastante**

preparación personal si un padre ha de ser obediente a la Escritura y dar buena instrucción a sus hijos! ¡Que el Señor nos dé padres que son estudiantes diligentes de la Biblia y que son capaces de enseñar las doctrinas bíblicas a sus hijos! El escritor recomienda el libro, "Las Siete Leyes de La Enseñanza" por J.M. Gregory.

Además de enseñar sobre las doctrinas, la instrucción debe incluir información sobre la "ley". La palabra <u>"ley"</u> enfatiza el hecho de que <u>ciertas cosas son requisitos, y que hay consecuencias o castigo si uno no cumple esos requisitos.</u> El padre bendice a sus hijos cuando él enseña y recuerda a sus hijos que **Dios exige ciertas cosas, y que no son meramente sugerencias.** Él busca que entiendan que las leyes de Dios (y los principios bíblicos) son para el beneficio de ellos. Dios ha revelado algo en cuanto a esas consecuencias en 1:24-32 y 2:18-22.

<u>La instrucción del padre debe resultar de su estudio y experiencia personal.</u>

Porque yo fui hijo de mi padre, delicado y único delante de mí madre. Y él me enseñaba, y me decía: Retenga tu corazón mis razones, guarda mis mandamientos, y vivirás (Proverbios 4:3-4).

Si el padre tuvo una niñez como la que se menciona en estos versículos, él puede agradecerle a Dios, y animar a sus hijos a que experimenten las mismas bendiciones y recompensas que resultan por obedecerle al Señor. Sin embargo, si su padre no fue un hombre salvo y espiritual, él seguramente aprendió <u>por experiencia personal algo de la miseria que resulta del pecado.</u> Otra vez, él puede enseñar a sus hijos la importancia de obedecer, y lo que puede resultar cuando uno es desobediente.

Los padres sabios animan a sus hijos lograr toda la sabiduría que puedan. Este tema se halla frecuentemente en los Proverbios; véase 4:7, *Sabiduría, ante todo; adquiere **sabiduría**; Y sobre todas tus posesiones adquiere **inteligencia***. Hay ejemples notables en el capítulo dos. Hoy día Satanás casi ha logrado destruir nuestras escuelas, públicas y cristianas. Es importante que los padres de familia den prioridad a que sus hijos logren la sabiduría bíblica. Los padres deben usar sabiduría en cuanto a la selección de escuela para sus hijos. Además, <u>los hijos deben animarse a leer y alcanzar mayor aprendizaje.</u> Puede ser importante y beneficioso que tengan acceso a la <u>biblioteca pública.</u> Vale que ven a sus padres seguir estudiando para aumentar su conocimiento personal. Las conversaciones familiares deben servir en estimular el aprendizaje y el deseo de aumentar el **conocimiento. La ignorancia no debe premiarse.**

Procura con diligencia presentarte a Dios aprobado, como obrero que no tiene de que avergonzarse, que usa bien la palabra de verdad (2 Timoteo 2:15).

Una parte importante de la responsabilidad de los padres es la necesidad de **proteger** y **advertir** a los hijos en cuanto a la educación no buena. Las palabras del Proverbio 19:27 dan esa advertencia, ***Cesa, hijo mío, de oír las enseñanzas que te hacen divagar de las razones de sabiduría.*** *El testigo perverso se burlará del juicio, y la boca de los impíos encubrirá la iniquidad. Preparados están juicios para los escarnecedores, y azotes para las espaldas de los necios* (19:27-29).

Vale recordarnos de la opinión de Dios en cuanto a los "necios". En el Salmo 14:1 leemos, ***Dice el necio en su corazón: No hay Dios.*** La razón porque <u>"dice en su corazón" no hay Dios</u>, es porque intelectualmente él o ella sabe que tiene que haber un dios o alguien que hizo lo que hay en este mundo. Si hay un "efecto", tiene que haber una "causa". El necio ha decidido negar en su corazón lo que intelectualmente entiende ser razonable.

Obviamente, "las razones de sabiduría" es una referencia a las palabras de Dios. En 1:7 se dice, ***El principio de la sabiduría (conocimiento) es el temor de Jehová.*** **No podemos evitar que nuestros hijos escuchen los errores que hay en el mundo, pero sí podemos enseñarles fielmente "la verdad" para que puedan reconocer el error cuando lo escuchan.** Podemos confiar en la promesa de Dios que dice que la verdad triunfará sobre el error, al final. En 2 Corintios 13:8 se dice, *Porque nada podemos contra la verdad, sino por la verdad.*

El hijo sabio alegra al padre, pero el hijo necio es tristeza de su madre, (10:1).

Si los padres esperan que sus hijos les sean una "alegría, deben buscar que sean sabios". Los capítulos 1-9 muestran cómo hacer eso: <u>instruir, demostrar la sabiduría</u> en su vida y <u>ser fiel al Señor</u> y el uno al otro. También, un estudio de las palabras "sabiduría" y "necedad" en los Proverbios, dará detalles específicos en cuanto a la instrucción que produce sabiduría.

<u>**La persona sabia:**</u>
1:5, <u>oye (escucha en verdad) y aumenta el saber</u> (véase 12:15; 13:1)

10:5, <u>recoge en el verano</u> (trabaja sin tardanza)

10:19, <u>refrena sus labios</u> (limita su hablar, 29:11)

11:30, <u>gana almas</u>

14:1, <u>edifica su casa</u>

14:16, <u>teme y se aparta del mal</u>

15:7, <u>esparce sabiduría</u>

15:24, <u>se aparta del Seol (el infierno)</u>
Es sumamente importante que los padres buscan que sus hijos se salvan por fe en Cristo Jesús.

16:14, <u>evita la ira del rey</u>

16:23, <u>su corazón añade gracia a sus labios</u> (aprende de su corazón)

17:10, <u>aprovecha la reprensión más que el necio</u>

20:26, <u>avienta a los impíos</u>

23:23, <u>compra (consigue) la verdad, la sabiduría, la enseñanza y la inteligencia</u>

28:7, <u>guarda la ley (la Escritura)</u>

<u>En contraste, el necio o los necios:</u>

1:7, <u>desprecian la sabiduría</u> (véase 15:5)

1:22, <u>aborrecen la ciencia</u> (conocimiento)

9:13, <u>son alborotadores e inmoral</u>

10:18, <u>odian, mienten y calumnian</u>

10:23, para ellos <u>hacer la maldad es como una diversión (a los insensatos)</u>

12:15, <u>el camino del necio es derecho en su opinión</u> (14:3, 16; 18:2; 28:26)

12:16, <u>el necio al punto da a conocer su ira</u> (14:16-17)

13:19, <u>apartarse del mal es abominación a los necios</u> (26:11)

14:1, la necia derriba su casa

14:3, el insensato se muestra insolente y confiado

14:9, los necios se mofan del pecado

15:20, el hombre necio menosprecia a su madre

17:10, el necio no aprovecha la reprensión

17:16, el necio tiene el precio para comprar la sabiduría, pero no tiene corazón para comprarla

17:24, los ojos del necio vagan hasta el extremo de la tierra, nunca satisfecho

18:6, al necio le gusta traer la contienda

19:3, contra Jehová se irrita su corazón

20:1, yerra por el vino y la sidra que son escarnecedores y alborotadores

20:3, el necio se envolverá en la contienda

21:20, el necio todo lo disipa, no ahorra

22:15, no se ha aplicado la vara de la corrección suficientemente (29:15)

29:11, el necio da rienda suelta a toda su ira, y cuenta todo lo que sabe

Es obvio que naturalmente, hay algunas de las características de los necios en todos nosotros. Nacimos con la habilidad y el deseo de hacer varias de estas cosas. Reconociendo esa verdad, también reconocemos que es necesaria la instrucción apropiada si hemos de superar esas características naturales. Esa instrucción debe basarse en la Palabra de Dios, ya que el Salmo 19:7 promete,

La ley de Jehová es perfecta, que convierte el alma; El testimonio de Jehová es fiel, que hace sabio al sencillo.

La única manera de hacer del necio (sencillo) una persona sabia es por el uso regular de la Escritura, tanto por la enseñanza como el ejemplo. **Podemos estar seguros que la Palabra de Dios cumplirá Su propósito, así como Él ha dicho.**

Quizás algunos padres de familia ven características necias en sus hijos, aun después de llegar a la edad de adultos. Hay que recordarnos que la idea de "ser adultos al cumplir 18 años de edad" no es cosa bíblica. Esa idea no se halla en la Escritura. Los hombres maduros en la Biblia vivían todavía bajo la autoridad de los padres. Hay muchos ejemplos de su sumisión y obediencia. Los hijos de Jacob obedecieron a él cuando los envió a Egipto durante el tiempo de hambre. Los padres deben buscar la manera de ayudar a sus hijos adultos. Pueden ofrecer instrucción y consejos, siempre y cuando los hijos les piden sus consejos. **Sin embargo, los padres deben evitar meterse sin ser invitados en los asuntos de sus hijos.** Seguramente deben orar por sus hijos e interceder delante de Dios por ellos. **¡Dios todavía contesta las oraciones!** Muchos padres han descubierto que el Espíritu de Dios puede obrar en el corazón de un hijo que tiene treinta o más años de edad. Se dirá más sobre este tema en este capítulo cuando consideramos 22:6.

Tarde o temprano, el malo será castigado; más la descendencia de los justos será librada (11:21).

Pero la casa de los justos permanecerá firme (12:7).

La casa de los impíos será asolada; pero florecerá la tienda de los rectos (14:11).

En la Escritura, la palabra "casa" frecuentemente se usa para referirse a la "familia". Véase también: 1 Timoteo 3:4-5. **La promesa de Dios a los justos es de liberación, seguridad y prosperidad para la familia.** El cristiano ocupa una posición de justicia en Cristo.

Al que no conoció pecado, por nosotros lo hizo pecado, para que nosotros fuésemos hechos justicia de Dios en Él (2 Corintios 5:21).

Es una bendición ocupar esta "posición" en Cristo y gozarnos de la justicia que Él provee, pero hay algo más. Nos hace falta la justicia "práctica". Dios requiere las dos clases de justicia de Sus hijos. En 1 Juan 3:7 leemos, *Hijitos, nadie os engañe; él que hace justicia es justo, como él es justo.* Es necesario "practicar" la justicia como antes solo practicábamos el pecado. **Los padres que desean apropiarse de estas promeses para sus hijos y familia deben practicar la justicia**

descrita en la Biblia, delante de sus hijos y familia.

"La descendencia de los justos será librada"; eso es, de las miserias del pecado. La casa de los justos "permanecerá" cuando Dios se levanta para juzgar. Mire el contraste en Mateo 7:26-27 y el Salmo 1:5. En Mateo, la casa edificada sobre la roca no cae. En el Salmo, los injustos son como el tamo que arrebata el viento; que no se levantarán en el juicio. **Las acciones de los padres tienen influencia en sus hijos.** La casa de los injustos es la que se derriba, pero el tabernáculo del justo florecerá. Para entender esa diferencia, debemos distinguir entre la pena del pecado y las consecuencias que resultan del mal.

La pena del pecado es la muerte… la separación eterna de Dios en el infierno.

Consideremos algunos ejemplos de consecuencias:
- a. El borracho puede enfermarse del hígado y morir de esa enfermedad, aunque se convierta y vaya al cielo.
- b. El jugador puede convertirse, pero su familia puede vivir en la pobreza extrema

porque desperdició todos sus bienes apostando y endeudándose.

c. Las cicatrices emocionales de los niños abusados no desaparecen cuando se convierta el "abusador/a".

La pena del pecado y de no recibir a Cristo como Salvador personal, es la muerte eterna en el infierno. Esa pena puede evitarse por la conversión. Sin embargo, hay consecuencias que resultan del pecado o el mal que las personas sufren toda la vida.

Un ejemplo: Conocimos en Nicaragua a un hombre brujo que sabía emborracharse y entrar en pleitos usando un machete. En uno de esos pleitos, él perdió (se le cortó) una mano. Gracias a Dios, él se convirtió. Después de salvarse por poner su fe en Cristo como Salvador personal, él daba este testimonio, "Dios me salvó, me perdonó todos los pecados y me dio vida eterna, **pero no me restauró la mano que se me fue cortada.** Tengo este brazo, sin una mano como un recuerdo de mí maldad y de mis tonterías".

Estimado lector, sea hombre, mujer, varón joven, o una señorita, aprenda de la experiencia de ese hombre nicaragüense (Ciertamente él se convirtió en un gran siervo de Cristo, alcanzado por el misionero Dr. Frank Rosser) que aceptó a Cristo y se salvó, pero que tuvo que vivir los últimos años de su vida con solo una mano. **Si nosotros rechazamos la sabiduría de Dios y vivimos de acuerdo con nuestra voluntad, podemos sufrir penurias peores que las del hombre de Nicaragua.**

Si entendemos la diferencia entre "la pena del pecado" (la condenación eterna) y "las consecuencias que resultan", podremos entender mejor algunas Escrituras que parecen contradecirse.

Éxodo 20:5, *No te inclinarás a ellas, ni las honrarás; porque yo soy Jehová tu Dios, fuerte, celoso, que visito la maldad de los padres sobre los hijos hasta la tercera y cuarta generación de los que me aborrecen y hago misericordia a millares, a los que me aman y guardan mis mandamientos.*

Ezequiel 18:4, 20, *...el alma que pecare, ésa morirá. Y el alma que pecare, esa morirá; el hijo no llevará el pecado del padre, ni el padre llevará el pecado del hijo; la justicia del justo será sobre él. Y la impiedad del impío será sobre él.*

Obviamente, Ezequiel refería a "la pena del pecado", mientras en Éxodo 20:5, la referencia es de "las consecuencias" del pecado. Véase también,

Éxodo 34:7, …que guarda misericordia a millares, que perdona la iniquidad, la rebelión y el pecado, y que de ningún modo tendrá por inocente al malvado…

La frase, "que de ningún modo tendrá por inocente al malvado" refiere al hecho que **el perdón del pecado, no elimina las consecuencias.** Esta verdad se presenta con claridad en el Salmo 99:8, *Jehová Dios nuestro, tú les respondías; Les fuiste un Dios perdonador, y retribuidor de sus obras.*
La palabra "retribución" lleva el significado de "castigo".

Las consecuencias del pecado se describen en Jeremías 17:2, *… mientras sus hijos se acuerdan de sus altares y de sus imágenes de Acera, que están junto a los árboles frondosos y en los collados altos, sobre las montañas y sobre el campo.*

Los pecados de los padres sirven de mal ejemplo a los hijos, y a veces ellos cometen los mismos pecados.

Jeremías 32:17-18 da más luz al tema.

¡Oh Señor Jehová! He aquí que tu hiciste el cielo y la tierra con tu gran poder, y con tu mano extendida, ni hay nada que sea difícil para ti; que haces misericordia a millares, y castigas la maldad de los padres en sus hijos después de ellos;

Esta última frase muestra que los pecados de los padres afectaron los corazones de los hijos. El resultado fue que se animaron los hijos a seguir el mal ejemplo de sus padres y cometer los mismos pecados, o que se desanimaron y se quedaron desesperados.

El Proverbio 14:11 habla, entonces, de las consecuencias del pecado. Los padres malos que malgastan su dinero pecando, verán las consecuencias (miseria) en sus hijos. Sería posible perder la casa; ¿podrían infectarse con una enfermedad venérea, o la SIDA, que resultaría en sufrimiento y vergüenza? Sin embargo, la piedad produce las características que resultan en la honestidad, la ética en cuanto al trabajo, la compasión por los necesitados y otras cualidades que se presten al éxito.

Para otras promesas y advertencias en cuanto a la influencia de los padres en las vidas de sus hijos, véanse 14:26; 15:25, 27; y 17:13.
El bueno dejará herederos a los hijos de sus hijos; Pero la riqueza del pecador está guardada para el justo (13:22).

No es malo hacer preparaciones para el futuro, y aun cierta preparación para la seguridad económica. Para la confirmación de esta verdad, vea otra vez la discusión en 31:21, donde se trata el tema de la esposa.

Claro, dejar una herencia (dinero y bienes) no debe ser la meta prioridad. Se nos dice en 15:16-17 que hay algo mejor.

Mejor es lo poco con el temor de Jehová, que el gran tesoro donde hay turbación. Mejor es la comida de legumbres donde hay amor, que de buey engordado donde hay odio (15:16-17).

Si uno tiene que escoger entre el dinero y el amor verdadero es obvio lo que uno debe escoger. Sin embargo, cuando se considera el total del libro de los Proverbios, se ve que el Señor promete bendiciones (aun el dinero) y beneficios terrenales a los que le obedecen (Salmo 37:4, 25).

Sería un error limitar el significado de la palabra "herencia" a posesiones materiales. Ha habido momentos en la historia del pueblo de Dios cuando la "prosperidad" fue imposible por razón de la persecución. En tales casos, la herencia, definitivamente sería una herencia espiritual. El joven **Timoteo heredó la prosperidad (riqueza) espiritual de su abuela y mamá,** aunque su papá no fue creyente en Cristo (véanse 2 Timoteo 1:5; 3:15). Sin duda, esa herencia fue de mucho más valor que cualquier cantidad de dinero o posesiones materiales.

Debe entenderse que el "justo" o el buen hombre del versículo (13:22) es un hombre "nacido de nuevo o regenerado". Aunque nosotros decimos "buen hombre", entendemos que Romanos 3:12, al describir al inconverso, dice "que no hay quien haga lo bueno, ni uno." Cuando Dios llama a un hombre bueno, está diciendo que el **individuo se ha convertido y cree en Cristo Jesús como su único Salvador.** Solo por haber recibido "**la justicia de Cristo**" imputado por Dios, puede uno llamarse "bueno" por el Espíritu Santo.

El que detiene el castigo, a su hijo aborrece; Mas el que lo ama, desde temprano lo corrige (13:24).

Este versículo o el tema del versículo es una de las verdades más controvertidas entre los creyentes y los no-creyentes… la disciplina de los hijos. Al estudiar este tema, hay que recordarnos que la Escritura es la Palabra inspirada de Dios, y no el producto de la sabiduría humana.

… porque nunca la profecía fue traída por voluntad humana, sino que los santos <u>hombres de Dios hablaron siendo movidos</u> por el Espíritu Santo (2 Pedro 1:21). Note: Son las "palabras" que son "inspiradas". Los hombres "fueron movidos".

Por eso entendemos que estas palabras no fueron las de Salomón, en otro tiempo, y que son totalmente irrelevantes hoy día. **Estas palabras son las Palabras inspiradas (exhaladas) del**

Dios eterno, y son provechosas y *útil para enseñar, para redargüir, para corregir, para instruir en justicia, a fin de que el hombre de Dios sea perfecto (maduro espiritualmente), enteramente preparado para toda buena obra* (2 Timoteo 3:16-17).

La necedad está ligada en el corazón del muchacho; más la vara de corrección la alejará de él (22:15).

La palabra "vara" es un punto de contienda. Entre otras interpretaciones, la palabra se usa para referirse al castigo corporal, además de la corrección verbal. Un estudio de la palabra hebrea "shebet" revela que puede usarse para referirse a:

a. Unas "armas" fuertes. Esa clase de arma podría causar la muerte (Éxodo 21:20); se usó para describir los problemas de Job (Job 9:34); refiere al reino de hierro del Mesías (Salmo 2:9); se usó para referirse al opresor de Israel (Isaías 9:4).

b. Un "dardo" o flecha (saeta). Joab usó tal arma para matar a Absalón (2 Samuel 18:14).

c. Un palo que se usaba para sacudir el eneldo (Isaías 28:27).

Aunque podemos concluir que el uso de la palabra "vara" refiere al castigo corporal, <u>en ninguna manera significa la "brutalidad"</u>. El abuso físico, brutal, no se puede justificar usando estos y otros pasajes bíblicos. Los pasajes que siguen dan la razón porque no:

a. Proverbios 23:13-14 dice, *No rehúses corregir al muchacho; Porque si lo castigas con vara, no morirá. Lo castigarás con vara, y librarás su alma del Seol.* El castigo, aplicado al niño con una vara, no debe ser tal que ponga en peligro su vida o su salud.
b. **El castigar al niño con una vara no es solo para causar dolor, sino mayormente para corregir.** Véase 23:13 otra vez.
c. El Padre celestial da el ejemplo principal en cuanto a la disciplina (véase Hebreos 12:6; 1 Corintios 10:13; Isaías 57:16). **Al disciplinar, Dios no lo hace brutalmente con el propósito de causar dolor, sino para producir la santidad o piedad.**

El "sentido común" muestra que la Escritura no aprueba la aplicación de la brutalidad para disciplinar a los niños. <u>Si Dios aprueba que el hombre "cuide la vida de su bestia" (12:10), Él seguramente no daría la sugerencia que "estaría bien abusar a los niños".</u> Salomón ya dijo en 4:3 que él fue "delicado y único delante de su madre". Viendo eso, sería inconcebible que una persona aprobara la violencia y brutalidad al disciplinar a un niño.

Además, los versículos que consideramos dicen, *Él que detiene el castigo, a su hijo aborrece; más él que lo ama, desde temprano lo corrige* (13:24). **¡<u>Ninguno que ama verdaderamente, abusaría con brutalidad a un niño!</u>**

<u>¡La Biblia no justifica la brutalidad o el abuso de los niños, aun o especialmente al disciplinarlos!</u> La persona con una mente pervertida no debe buscar justificar, usando la Escritura, molestar físicamente (aun sexualmente) a los niños.

El uso de la vara refiere a la disciplina corporal que se administra con amor sincero. Según la Escritura, los padres deben administrar la disciplina desde *temprano* (1:28; 8:17). Claro, los padres deben reconocer que los tiernitos (los bebés) no tienen conciencia del bien y del mal, ni reconocen el "porque" cuando haya disciplina corporal. No saben diferenciar entre lo bueno y lo malo. La disciplina bíblica no sirve para "causar dolor" sino para instruir y corregir. <u>La expresión "temprano" significa "temprano en la vida",</u> porque todos nacemos con una naturaleza pecaminosa (Salmo 58:3 e Isaías 48:8), pero **la disciplina no debe aplicarse antes de poder comprender el niño.** En 29:15 se dice que "la vara o la disciplina da sabiduría". No conviene que el niño solo reacciona con temor, temor causado por el dolor. Los animales reaccionan por temor. Los seres humanos no son animales. **Somos creados a la imagen de Dios. Los niños que van a disciplinarse, deben poseer la habilidad básica de poder comprender que "algo está mal" y que la maldad tiene consecuencias.** Esta habilidad se menciona en Isaías 7:16. A los padres les hace falta sabiduría, y Dios ha prometido dar la sabiduría necesaria para corregir **cuando** es apropiado y **como** corregir correctamente a sus hijos (Santiago 1:5). <u>**Es una estupidez creer que "La maldad puede sacarse del niño a golpes".**</u>

La expresión "temprano" también significa que **la disciplina y corrección deben aplicarse "luego" después de la infracción.** Demasiadas veces, los padres esperan hasta "llegar a casa" y para entonces los pequeños ya han olvidado su infracción o error. Si no hay conexión entre la infracción y la corrección, no se imparte la sabiduría a ellos. No hay en estos casos más que el dolor y falta de entendimiento. En verdad, son sabios los padres que no someten a sus hijos a una vergüenza pública delante de extraños o sus amiguitos.

Recuerdo lo que me sucedió a mí a una edad tierna (quizás tenia 3-4 años de edad). Mis padres siempre nos llevaron a todos nosotros (tenía tres hermanos) a la iglesia. Nos obligaron sentarnos quietos y calmados entre papá y mamá. Si uno de nosotros comenzábamos a inquietarnos y causar ruido o estorbo, papá levantaría en sus brazos al ofensor y lo llevaría al baño en el vestíbulo de la iglesia. Si no hubo baño en la entrada de la iglesia, él nos llevaría al carro. Una vez en un lugar algo privado, él aplicaría la disciplina. Aunque no recomiendo que el castigo se aplique con la mano, es lo que mi papá hacía. Él me dio la disciplina en las nalgas. <u>No me abusaba,</u> pero me decía, "Cuando dejes de llorar, regresaremos al servicio, y si causas más problema te voy a sacar otra vez para otra dosis de lo mismo. Solo tuvo que sacarme <u>una vez.</u> **Aprendí que, aunque niño pequeño, yo podría**

sentarme quieto en los cultos de la iglesia. <u>Doy gracias a Dios por padres que me amaban suficiente para criarme en el temor de Dios y Su admonición.</u> Aprendí respetar a mis padres y su palabra. Mi papá siempre fue un héroe para mí y pudo alabarse mi mamá por ser una esposa y madre al estilo de la mujer virtuosa del capítulo 31 de Proverbios.

Permítame contarle esto también. En los tiempos cuando yo fui un niño y estudiante en la escuela, mi papá me decía que debía portarme bien y nunca ser "disciplinado" en la escuela por los maestros. Papá me dijo: "Si te portas mal y te diciplinan en la escuela, yo te voy a disciplinar otra vez al llegar a la casa". Solo una vez saqué malas notas, y sí, mi papá me disciplinó… como él había prometido.

Nuestros padres nos explicaron las reglas y los límites, y las consecuencias de no respetarlos. **Eso nos dio dirección y cierta forma de seguridad.**

Hay un punto muy importante que quiero mencionar ahora. Los padres, cuando prometen algo, o dan una advertencia, deben cumplir su promesa, sea cosa buena o algo no tan placentera. Vi a mis tíos y otros decir a sus hijos (mis primos), "Ya te dije que no hagas eso: si lo haces otra vez te voy a castigar". Mis primos no creían y repetían la infracción o rebeldía. Otra vez mis tíos dirían, "Ya te dije que te voy a disciplinar".

Pero a pesar de cantidad de advertencias, ellos nunca disciplinaron a mis primos.

Cuando los padres dicen "no haga eso", deben responder a la repetida infracción ya con disciplina.

i.e. Vi a un niño haciendo ruido durante el culto en la iglesia. Su papá le dijo, "Siéntese y deje de hacer eso". El niño dejo de moverse y hacer ruido durante tres (3) segundos, y luego siguió con el ruido y la conmoción. Todo el tiempo, el niño veía los ojos de su padre para ver su reacción. Cuando el padre no se fijó en él y su ruido, el niño siguió como siempre. El padre le enseñó que no era "gran cosa" estorbar durante el culto, y peor, que el hijo no tenía que hacer caso, u obedecer a su papá.

Mis padres no nos enseñaron así. Si hubiera sido su servidor y mi padre, él me hubiera sacado y me hubiera disciplinado; y eso sin preocuparse por dañar mi "ego". Como dije anteriormente, solo tuvo que sacarme una vez. Mi padre solo tenía que decir "no" o "deje de hacer eso" o "no haga tal cosa", una vez. Aprendimos luego que sus palabras no fueron "sugerencias" sino "mandamientos". Tuvimos "seguridad y límites" como resultado de la instrucción y disciplina de nuestros padres.

Permíteme decir esto: la instrucción y la disciplina de los padres (papá y mamá) son como los dos rieles del ferrocarril. Juntos dan dirección y sirven para que el tren cumpla, con buenos resultados, su propósito. Si se elimina uno de los rieles (mamá o papá, la instrucción o la disciplina [corrección]), lo que resulta es un desastre destructivo. **La vida sin instrucción, disciplina y corrección termina casi siempre en la ruina.**

Padres con hijos: ¡Dios los ha puesto en las vidas de sus hijos con el gran propósito de que aprenden de ustedes la sabiduría, el conocimiento, el temor de Dios y los caminos de Él! Entiendan Su voluntad y sean fieles a la Palabra de Dios.

Vivimos en un tiempo cuando muchas personas han reaccionado mal, y han hecho acusaciones de abuso contra padres inocentes. Lamentablemente muchas personas ven "los hijos" como propiedad del estado o gobierno, y no como un regalo de Dios. Es triste que muchas de esas mismas personas excusan y exigen el derecho de matar, por el aborto, a millones de niños no nacidos.

Según las palabras de Charles Bridges, cuando los padres permiten a sus hijos portarse mal, y no los disciplinen, es una forma de "autoindulgencia". Son permisivos los padres por que no quieren molestarse por corregir a los hijos. Los padres son indulgentes consigo mismos, y por eso con sus hijos también. Los hijos necesitan aprender a respetar a las autoridades instituidas divinamente.

Si los padres desean obedecer al Señor y honrar Su Palabra, deben considerar lo que Dios dice son las consecuencias de no disciplinar a sus hijos y enseñarles sabiduría.

Corona de los viejos son los nietos, y la honra de los hijos, sus padres (17:6).

Se implica aquí que los hombres "viejos" son hombres justos; ya aprendimos en 10:17 que, *El temor de Jehová aumentará los días, mas los años de los impíos serán acortados.*

Por eso, supongamos que los hombres son viejos porque tuvieron temor al Señor, y Él prolongó sus días. En contraste, ¿Cuántas familias se quedaron quebradas por el pecado, y los padres no tienen contacto con los hijos y nunca han visto a los nietos?

Los padres que son "la gloria" de sus hijos verán a sus nietos. Los hijos, naturalmente, desearán que sus hijos glorían en su padre. El "respeto" es contagioso.

El que engendra al insensato, para su tristeza lo engendra; y el padre del necio no se alegrará (17:21).

¿Son engendrados los necios? ¡Sin duda! Pero en este versículo, el escritor no está pensando en la naturaleza pecaminosa. Se implica aquí que el padre no ha hecho ningún esfuerzo por contrarrestar la propensión innata. Para información sobre el necio, vea los apuntes sobre el versículo 10:1 en este capítulo.

La casa y las riquezas son herencia de los padres; Mas de Jehová la mujer prudente (19:14).

Hemos visto esa verdad varias veces ya, pero vemos otra vez que se implica que uno ha sido obediente a las instrucciones previas. Las palabras de 1:5 nos dieron el principio: la sabiduría de este libro es "progresiva". *Oirá el sabio, y aumentará saber.* ¡No es sabio comenzar por la mitad de un libro e intentar aplicar cualquier versículo a cualquier individuo! Las riquezas prometidas por el Señor a los padres son, evidentemente, la clase correcta de riquezas, las riquezas que se obtienen por:
   a. 3:9-10, diezmar

b. 8:18, la sabiduría (véase, 24:3-4)
c. 10:2, la justicia y piedad
d. 10:22, las bendiciones de Dios
e. 11:1, la honestidad (también 21:6)
f. 11:16, ahorrando
g. 13:11 y 14:23, el trabajo

Pero no las riquezas de la "codicia" (15:27). Mas tarde se aprenderá como obtener correctamente las riquezas; en 19:17, por la "caridad" o benevolencia; en 20:21 y 28:20, 22, por la pacencia; en 22:4, por la humildad y el temor de Jehová, el Señor.

Las riquezas que se obtienen en una manera bíblica deben ser la herencia que el padre deja a sus hijos; los hijos justos y los nietos, también justos, deben gozarse de los beneficios que Dios ha provisto. La última parte de este versículo se estudió y se conversó en el capítulo sobre el marido.

Castiga a tu hijo en tanto que hay esperanza; y no dejes que tu alma se detenga por causa de su llanto (19:18).

La implicación es que habrá un momento cuando no habrá esperanza. Puede ser que no habrá más oportunidad de disciplinar; por lo tanto, hay que comenzar la corrección y disciplina temprano, así como nos dice 13:24. No debemos "dejar" la instrucción solo porque es algo doloroso. La prioridad debe ser "la corrección" no el placer.

La disciplina siempre debe aplicarse con la idea de "corregir" no para causar dolor. Porque los padres han sentido pena, no es, tampoco, una razón correcta porque castigar.

La "disciplina bíblica" se logra por tres medios":
   a. **Las palabras** (Proverbios 13:1). En Hebreos 12:3-11, la Escritura nos presenta la progresión de la disciplina;
   Versículo 5 usa la expresión ***exhortación que como a hijos se os dirige, diciendo…*** Así que, primero el padre **"habla" y da instrucciones.** Si el hijo responde positivamente y muestra comprensión de porque no debe persistir en la "desobediencia", la **disciplina verbal ha servido su propósito.**
   b. **La Escritura** (Deuteronomio 4:36; Isaías 8:11). La instrucción y la corrección usando

la Escritura forma parte del primer paso. Hay que tener cuidado de no aplicar la Escritura de tal forma o manera que produzca un "odio por la Escritura" en el hijo. La Escritura puede usarse en la aplicación para que el hijo aprenda lo que es bueno y lo que es malo según Dios.

c. La última parte del versículo 5 usa la expresión, *Ni desmayes cuando eres* **reprendido** *por él*; para continuar la idea de que los padres deben **"hablar o reprender"** a sus hijos primero, y entonces, si eso no da el resultado deseado, sigue el castigo o la **disciplina corporal.** En el versículo 6 se dice, *Porque el Señor al que ama, disciplina, y azota a todo el que recibe por hijo.*

El propósito de toda disciplina debe ser "producir la santidad y el provecho" en la vida del hijo (12:10). La disciplina forma parte del proceso de "preparar al hijo" para compartir la santidad de Dios y para que aprenda a obedecer. **Es también una afirmación del amor de Dios y de los padres para sus hijos. La corrección eficaz ayuda al hijo evitar las miserias y el**

sufrimiento que resultan de una vida descontrolada.

Camina en su integridad el justo; Sus hijos son dichosos después de él (20:7).

Hay dos evidencias en la vida del hombre justo: él camina en integridad y las bendiciones para sus hijos. La Palabra de Dios es siempre practica; **No es lo que el hombre dice o profesa verbalmente, sino lo que él muestra que convence a otras personas que él es una buena persona.**

Nos fijamos que "su caminar" no se determina por las circunstancias, sino por la integridad. Hallamos en David un buen ejemplo. Él tuvo muchas oportunidades de matar a Saúl y ascender al trono, siendo ya ungido por el profeta de Dios. Repetidas veces él rehusó matar a Saúl, porque no "tocaría el ungido de Dios". La fe que tuvo de que Dios eliminaría a Saúl y le elevaría a él al trono, **constituía su integridad y determinó sus acciones.** De esta manera comprobó que era hombre justo. Saúl, sus soldados y aun los seguidores de David reconocieron que él era hombre justo.

José es otro ejemplo de un hombre justo. Él rehusó cometer el adulterio con la esposa de Potifar. Ella vio su integridad personalmente, y el Señor también. Aunque ningún otro la vio en ese momento, Dios pensó que valía la pena apuntar la historia de su integridad en Su Palabra eterna.

La historia de Ana es otra ilustración notable de una mujer justa. Por razón de su integridad, ella dio su único hijo Samuel al Señor, así como ella había prometido al pedirle a Señor que Él la diera un hijo. Esta petición fue una que hizo ella en silencio (Véase 1 Samuel 1:11-13). Solo Dios la escucho. Si Ana no fuera mujer justa de mucha integridad, ella fácilmente se hubiera olvidado de su promesa y voto. Además, si ella hubiera sido una mujer egoísta, ella hubiera preservado su hijo único para ella misma. Al tenerle a Samuel con ella, ella hubiera silenciado su adversaria Penina. En vez de hacer eso, ella mostró que era una mujer justa y de integridad; ella cumplió la promesa que ella hizo al Señor y presentó a Samuel al Señor en el Tabernáculo tan pronto él fue destetado. Como resultado de la justicia y la honestidad de ella, su hijo Samuel ciertamente recibió muchas bendiciones, así como ella.

Los hijos reciben bendiciones, en parte, porque tienen ejemplos en sus padres de personas justas y piadosas. La "honestidad" motiva al individuo guardar y cumplir sus promesas a Dios, pero también sirve para que el individuo sea honesto en las relaciones con otras personas. La honestidad genera el deseo de hacer trabajos de calidad, ahorrar, gastar sus recursos sabiamente, hacer una cantidad de otras cosas que podrán imitarse por los hijos que los observan.

¡He aquí, otro versículo de los Proverbios que enseña que **la gente hace lo que hace porque son lo que son!**

Instruye al niño en su camino, y aun cuando fuere viejo no se apartará de él (22:6).

Esta tremenda admonición es para los padres, los padres futuros, los abuelos, los parientes y todos los demás que tienen un corazón por los niños. La admonición es absolutamente digna de confianza, ya que "...todas las promesas de Dios son en Él Sí, y en Él Amén, por medio de nosotros, para la gloria de Dios" (2 Corintios 1:20). El Dios verdadero y vivo, que no puede mentir, guardará y cumplirá todas Sus promesas; nuestra responsabilidad se halla en la palabra "instruir". Pero antes de tratar esta palabra, debemos estudiar la expresión, "su camino".

Algunos comentaristas creen que "su camino" significa el camino del niño. Ellos proponen que los padres deben aprender y entender las inclinaciones naturales del niño y dirigirlo conforme a esas inclinaciones. Es cierto que cada niño/a tiene personalidad diferente y que **esa diferencia debe tomarse en cuenta cuando los padres buscan instruir o entrenarlos.** Uno de los secretos es reconocer cuando haya personalidad fuerte en el pequeño y someter la voluntad de él o ella a la voluntad de los padres, pero sin herir (dañar) el "espíritu". **Debemos recordar que todos los niños heredaron de Adán y Eva una naturaleza pecaminosa.** Para confirmar eso, solo tenemos que leer Isaías 53:6, *Todos nosotros nos descarriamos como ovejas, cada cual se apartó por su camino; mas Jehová cargó en Él el pecado de todos nosotros.*

El versículo dice, "Todos nosotros". Debemos incluir a los niños también. Todo niño ya "se apartó por su camino;" **él no necesita instruirse**

en ese camino. Peor, el Señor describe "apartarse por su camino" como "la iniquidad de todos nosotros". También, aquí el Señor revela Su disgusto por nuestro pecado y lo cargó en Cristo, cuando Él murió en la cruz. Es obvio que no necesitamos, ni debemos "instruir a nuestro hijo en el camino propio de él," ya que su camino es "pecaminoso ante los ojos de Dios".

Charles Bridges dijo que cuando nace un niño, hay dos caminos que están delante de él: el camino que lo aparta de Dios y el camino de buscar a Dios. Bien dice **que el niño puede escoger andar con Dios, o puede escoger descarriarse y alejarse de Dios.**
El Salmo 58:3 nos enseña que el niño siempre comienza a descarriarse y andar en "su propio camino" inmediatamente después de nacer. El versículo dice, *Se apartaron los impíos desde la matriz; Se descarriaron hablando mentira desde que nacieron.* ¡La Biblia, muchas veces, enseña que nacimos con una naturaleza pecaminosa y, por lo tanto, pecamos! Eso enfatiza la necesidad de "instruir" al niño en el camino correcto; él en que **debe** caminar.

El camino correcto es el camino de Dios. Un versículo paralelo se ve en Génesis 18:19. Este versículo muestra con énfasis esa verdad. *Porque yo sé que (él) mandará a sus hijos y a su casa después de sí, que guarden el camino de Jehová, haciendo justicia y juicio, para que haga venir Jehová sobre Abraham lo que ha hablado acerca de él.* Dios sabía que los hijos de Abraham guardarían, no su propio camino, ni el camino de algún consejero, ni el camino del mundo pecaminoso, sino el camino del Señor.

El significado de esta frase se verá cuando consideramos el hecho que muchas personas no creen la verdad de Proverbios 22:6 porque han visto a un niño criado en un hogar cristiano resultar rebelde o ser una persona no "perfecta". Algunos tienen la idea que la promesa del Proverbio 22:6 es "que los hijos criados en el temor de Jehová serán perfectos y sin pecado". Por eso, ellos creen que, si el niño comete algún mal, hay una de dos cosas: el versículo no es cierto o la instrucción que recibió no fue bíblica. Este error se reconocerá y será abandonado cuando reconocemos que "su camino" (en que debe caminar) es el camino de Jehová y que no significa "la perfección sin pecado". ¿Cómo podemos estar seguros? Primero, Dios dijo que los hijos de Abraham "guardarían el camino del Señor". Segundo, al leer la historia de las vidas de ellos, vemos que **no fueron perfectos en el sentido de no pecar.**

Al comparar "Escritura con Escritura" hemos aprendido, hasta ahora, que "su camino" o el camino en que debe caminar, no es el camino propio del hijo (o hija), sino el camino de Jehová (Génesis 18:19) y que "guardar el camino del Señor" no significa "la perfección sin pecado". ¿Qué entonces significa andar en o guardar el camino del Señor? Esto significa y describe la adoración del Dios verdadero y vivo. Ambos, Isaac e Ismael hicieron algunas cosas malas (véase Génesis 16:12; 26:7), pero nunca sirvieron a dioses falsos.

Otro buen ejemplo se ve en David. Aunque se han anotado varios de sus pecados en la Escritura (véase 1Samuel 27:8-12), Dios describe su vida (total) en 1 Reyes 15:5 diciendo, *por cuanto David había hecho lo recto ante los ojos de Jehová, y de ninguna cosa que le mandase se había apartado en todos los días de su vida, salvo en lo tocante a Urías heteo.* Dado que *toda la escritura es inspirada por Dios* (2 Timoteo 3:16), esta descripción debe ser verdadera. No habrá problema si recordamos esa verdad en cuanto a la inspiración de la Escritura. Cuando Dios dice que alguien ha guardado Su camino, o que ha hecho lo bueno ante Sus ojos, está diciendo que la persona le ha adorado a Él y que no buscó a los dioses falsos y ni adoró a los ídolos. David nunca se desvió en cuanto a la adoración de Dios, Jehová y Sus mandamientos prohibiendo la adoración usando imágenes (fetiches) o de ídolos (dioses falsos).

Nota: Pablo dice en 1 Corintios 10:19-20, *¿Qué digo, pues? ¿Qué el ídolo es algo, o que sea algo lo que se sacrifica a los ídolos? Antes digo que lo que los gentiles sacrifican, a los demonios lo sacrifican, y no a Dios; y no quiero que vosotros os hagáis partícipes con los demonios.*

Dios ha prohibido el uso de imágenes para adorarle a Él. Dios es espíritu, y por eso, Él prohíbe el uso de imágenes (Juan 4:24). Claro, la gente usa imágenes para adorar a los dioses falsos también. El peligro de ignorar o de rechazar esta verdad es que las gentes, aun sinceras, ofenden a Dios y se meten con demonios. **¡Increíble! ¡Peligroso también! Todos somos pecadores, pero amigo, hay que evitar añadir a nuestros pecados el**

pecado de usar imágenes para adorar al Dios único y verdadero, que es <u>espíritu.</u>

Para confirmar que la expresión, "andar en Su camino" significa adorar a Dios en vez de adorar a los ídolos, solo necesitamos considerar la descripción que la Escritura da en cuanto a Amón en 2 Reyes 21:21-22.

Y anduvo en todos los caminos en que su padre anduvo, y sirvió a los ídolos a los cuales había servido su padre. Y los adoró; y dejó a Jehová el Dios de sus padres, y no anduvo en el camino de Jehová.

Se ve claramente que **no** "andar en los caminos de Dios, el Señor" significa "adorar a ídolos".

Para ver el ejemplo de uno que anduvo tras Dios Jehová, solo tenemos que buscar 2 Reyes 22:2, donde encontramos la historia de Josías. *Él hizo lo recto ante los ojos de Jehová, y anduvo en todo el camino de David su padre, sin apartarse a la derecha ni a izquierda.*

Otro error que se comete referente 22:6 es creer que los padres tienen 100% éxito en la crianza de sus hijos, o han fracasado. Ya vimos que Dios no ve las cosas así. Al considerar a Isaac, Ismael, y David tenemos la confirmación. Es fácil ver que unos padres tienen éxito en cuanto a enseñar a sus hijos a creer las doctrinas bíblicas correctas, pero no logran que su hijo o hijos oran todos los días. De igual manera, algunos padres tienen éxito en cuanto enseñar a sus hijos asistir fielmente a la iglesia, pero fallan y no los enseñan alcanzar la gente con el evangelio. Hay grados de éxito y de fracaso. La vida auténtica muestra que hay miembros fieles de iglesias y aun miembros líderes, que no son personas piadosas. Algunos miembros son más piadosos que otros. Estos son buenos ejemplos que confirman que hay diferentes grados o niveles de éxito y de fracaso.

Los padres tienen la responsabilidad de instruir a sus hijos en todo lo que se incluye en "el camino del Señor". Ese camino incluye muchas cosas. Muy a menudo, se nos olvida eso y suponemos que solo una u otra cosa, o dos o tres cosas son importantes. (Nota: Hay pastores que fallan en cuanto a "enseñar todo el consejo de Dios" y solo enfatizan una u otra doctrina o actividad. i.e. Solo enseñan a los miembros creyentes a ganar almas y omitan la enseñanza sobre "cómo vivir piadosamente, o como ser fieles cuando haya prueba o dificultades".)

Los padres debemos instruir a nuestros hijos la verdad en cuanto a la salvación personal, pero también debemos instruirlos en cuanto a "cómo lograr ser personas *espirituales*". Será necesario dar la instrucción si han de conocer y practicar diariamente la Escritura, si han de orar eficazmente y recibir respuestas a sus oraciones y si han de tener un buen testimonio ante los inconversos como "testigos para Cristo".

Si nosotros, los padres, no enseñamos a nuestros hijos en ciertos asuntos, el mundo los dará otra enseñanza. Si no enseñamos a nuestros hijos vivir vidas piadosas, los actores de Hollywood los enseñarán como vivir impíamente. No hay manera de guardarlos totalmente de las influencias del mundo impío. Aunque no hubiera películas, la televisión, ni la música mundana, los hijos serían expuestos a las influencias impías del mundo, sencillamente por "estar en el mundo". La influencia del mundo impío es dominante; ninguna parte de la vida escapa su influencia. Por lo tanto, es sumamente importante que los padres cristianos instruyen a sus hijos en la piedad y los principios bíblicos para contrarrestar las influencias impías del mundo incrédulo.

Si no los enseñamos en cuanto a las miserias que resultan de "tomar vino y bebidas alcohólicas", el mundo los enseñará y buscará convencerlos que "tomar" es una parte necesaria de toda comida especial, especialmente si ha de ser una comida romántica. De igual manera, si no los enseñamos la moralidad bíblica, el mundo inconverso los convencerá que el adulterio, la fornicación y otras formas de inmoralidad "solo son otros estilos normales y aceptables de vida".

Aunque no podemos prevenir o evitar totalmente que sean expuestos a esos males, podemos contrarrestarlos por medio de enseñarles las Escrituras poderosas. Por eso es importante la palabra "instruir".

¿Por qué dijo el Señor **"instruir"?** ¿Por qué no usó la palabra "dictar"? Cada deporte tiene su entrenador, pero no es **"instruir"** en el sentido bíblico cuando el entrenador **habla** a los jugadores diciéndoles que "salgan, que ganen y que lleguen a ser estrellas". Es "instruir o instrucción" cuando una persona que sabe hacer algo enseña o muestra a otros que hacer; entonces, cuando el jugador o la persona recibiendo la instrucción sale y comete algún error o falla en alguna manera, el entrenador o instructor lo corrige y vuelve a mostrar lo correcto. Muchas veces el jugador necesita "ensayar" para aprender y llegar a ser proficiente. En otras palabras, es el proceso de "instruir, la demostración, la corrección, la práctica o el ensayo y la repetición".

A veces hay que probar y luego corregir. Probablemente nunca ha habido un deportista que desde el principio "hacía todo perfectamente bien" sin fallas. El entrenador no pierde esperanza después de uno u otro error. No se elimina el jugador del equipo solo porque falla una u otra vez. El entrenador no se considera un fracaso cuando el jugador comete un error. Debemos pensar en estas cosas cuando consideramos la admonición del Señor en cuanto a "instruir" a nuestros hijos en los caminos del Señor.

¿Cuándo debemos comenzar a "instruir" a nuestros hijos? Ana nos da un buen ejemplo en 1 Samuel 1:24, *Después que lo hubo destetado, lo llevó consigo, con tres becerros, un efa de harina, y una vasija de vino, y lo trajo a la casa de Jehová en Silo; y el niño era pequeño.*

Algunos comentaristas dicen que los judíos, en esa época, no destetaban a sus hijos hasta que tuvieran dos o tres años de edad. Puede parecer mucho tiempo para nosotros cuando pensamos en las costumbres de hoy día, pero puede ser que así fue, especialmente cuando consideramos que no hubo otra forma de leche disponible. Aunque esa explicación sea correcta, Samuel hubiera sido muy tierno para que su madre le entregara para estar en la casa del Señor.

Samuel nació del linaje de los sacerdotes; pero de acuerdo con la Escritura, el sacerdote no comenzaba funcionar como tal hasta cumplir treinta años de edad. Si Ana hubiera sido como muchas madres, ella hubiera esperado hasta que Samuel cumpliera treinta años para comenzar su "instrucción". Sin embargo, ella comenzó luego, cuando Samuel tenía solo dos o tres años de edad. Ella lo "prestó" o lo entregó al Señor a esa edad tierna para que comenzara a aprender los caminos de servicio al Señor como sacerdote.

Si ella hubiera esperado hasta Samuel tuviera treinta años para comenzar su "instrucción", quizás hubiera sido tarde. Es posible que Samuel aprendiera los caminos del mundo y la maldad y que no tuviera interés en las cosas del Señor. Ana obró sabiamente; sigamos su ejemplo piadoso.

No debemos considerar "servir en el departamento de cuna o en las clases para los pequeños" solo el trabajo de niñeras. Veámoslo como es: una oportunidad bíblica de "instruir y entrenar a los pequeños en los caminos del Señor". No debemos considerar a las madres que dan sus vidas para instruir a sus hijos pequeños, como que tienen una "falta de inteligencia, o que son incapaces de tener un oficio o una carrera profesional" fuera del hogar. Instruir a los niños en las cosas de Dios es algo bíblico y también presenta muchos retos; y es muy sabio. Este servicio requiere mucha preparación, meditación y oración; quizás muchos buscan evitarlo. Sin embargo, no hay servicio más importante, estimulante o desafiante que enseñar las verdades bíblicas a los niños. Si una persona no puede presentar la verdad del evangelio al nivel de los niños, ese individuo no entiende muy bien el evangelio.

Cada padre y madre desearía que sus hijos resultaran como Samuel; pero si eso ha de ocurrir, debemos hacer lo que hizo Ana, **comenzar temprano.**

Si comenzamos temprano, debemos repetir la instrucción conforme a Proverbios 22:6, hasta que el hijo sea "viejo". ¿Cuándo es _viejo_ una persona, de acuerdo con el lenguaje bíblico? Muchas veces las personas creen que los hijos que tienen 13-19 años ya pasaron la época de aprendizaje, y que los padres nada pueden con ellos. Solo tenemos que preguntar a un hombre de 21 años si se considera viejo o preguntar a una mujer de 30 años si ella se considera vieja para saber que no. El sentido común y las Escrituras nos enseñan que la palabra _viejo_ no se aplica a una persona de 13 a 19 años.

Nota: Muchas veces se ha dicho que los jóvenes de trece a veinticinco años de edad creen que "saben todo" y que sus padres no saben nada, que son anticuados e ignorantes. Pero, ¡Wa-la! Cuando cumplen 26, 30, 35 o más años, logran comprender que sus padres no fueron tan tontos o ignorantes. Casi es un milagro que los padres logran "aprender" tantas cosas en tan poco tiempo. Es algo chistoso, pero lamentablemente esa actitud puede ser la raíz de rebelión en los menores. El profeta dice que la **"rebelión es como el pecado de adivinación",** un pecado que llevaba la pena de muerte. ¡Cosa seria!

En Génesis 42 y 43 tenemos el ejemplo de Jacob enviando a sus hijos, ya hombres, a ir a Egipto para traer comida. El largo viaje de muchas millas a Egipto se hubiera hecho a pie, montado en algún animal o en una careta de alguna forma, y hubiera sido difícil. Todos sus hijos ya eran hombres casados y padres de familia; sin embargo, Jacob los mandó hacer el viaje. No vemos en la Escritura que ellos resistieron o que se quejaron. Jacob no creía, como algunos hoy día, que los padres no pueden tener influencia en los hijos cuando ya pasan cierta edad. Claro, hay personas hoy día que rechazan esta idea. Ellos dicen que esos eventos sucedieron en otro tiempo, cuando las costumbres eran diferentes. Aunque reconocemos que hay cierta verdad en lo que dicen esos padres, debemos recordarnos que Dios dio detalles como esos en Su Palabra. Él dio Su Palabra para "enseñanza (doctrina), para redargüir, para corregir, y para instruir en justicia" (2 Timoteo 3:16). Los ejemplos que encontramos en la Biblia son los mejores.

Ana continuó preocupándose por Samuel; 1 Samuel 2:19 dice, *Y le hacia su madre una túnica pequeña y se la traía cada año…*

Otra confirmación del hecho que Dios requiere que los padres siguen responsables en cuanto a la "instrucción" de sus hijos, aun cuando son adultos, se halla en 1 Samuel 2 y 3. En 2:22, aprendemos algo del pecado de los hijos de Elí: *Pero Elí era muy viejo; y oía de todo lo que sus hijos hacían con todo Israel, y como dormían con las mujeres que velaban a la puerta del tabernáculo de reunión.* Es obvio que estos hijos de Elí eran hombres maduros. Vemos más adelante que también eran hombres casados. Dios nos dice en 3:13 que Elí no era responsable y era negligente en cuanto a las acciones de sus hijos: *Y le mostraré que yo juzgaré su casa para siempre, por la iniquidad que él sabe; porque sus hijos han blasfemado a Dios, y él no los ha estorbado.*

La responsabilidad (o la falta de responsabilidad) de Elí fue muy grande ante los ojos de Dios. Él pronunció juicio sobre la casa de Elí, porque no hizo ningún esfuerzo en detenerlos. Debemos notar que no fue culpa de Elí que ellos pecaron, pero él tuvo culpa al no detenerlos o estorbarlos. ¿Sería que Elí dijo que él no podía nada con ellos porque ya eran hombres? **Dios dice que "aún entonces Elí tenía responsabilidad".** Es un

<u>error excusarnos de toda responsabilidad de "instruir" a nuestros hijos como padres.</u>

Es un hecho que todos los jóvenes, por tener una naturaleza pecaminosa, rebelan contra la justicia; algunos más que otros. Salomón es un buen ejemplo; él fue enseñado por sus padres, conforme a Proverbios 4:1-5 y el capitulo 31, pero rebeló en muchas maneras. Al arrepentirse, él escribió Eclesiastés para anotar su confesión y arrepentimiento. El hablaba de experiencia personal cuando escribió las palabras de Eclesiastés 11:9-10, *Alégrate, joven, en tu juventud, y toma placer tu corazón en los días de tu adolescencia; y anda en los caminos de tu corazón y en la vista de tus ojos; pero sabe, que sobre todas estas cosas te juzgará Dios. Quita, pues, de tu corazón el enojo, y <u>aparta de tu carne el mal; porque la adolescencia y la juventud son vanidad.</u>*

Él sabía que a los jóvenes les gusta la "alegría" (*Alégrate… y toma placer…*); que les gusta hacer lo que desean (*anda en los caminos de tu corazón*), y que les gusta hacer lo que ven inmediatamente (*en la vista de tus ojos*). Por que eso es verdad de todos los jóvenes, ellos pecarán. Por haber nacido con una naturaleza pecaminosa, el deseo de su corazón es el mal, según lo que dice Jeremías 17:9, *Engañoso es el corazón más que todas las cosas, y perverso; ¿Quién lo conocerá?* Este versículo da una descripción del corazón de todas las personas que han nacido después de Adán, con la excepción de Jesucristo. El Salmo 33:15 dice, *Él formó el corazón de todos ellos...* Todos somos iguales y tenemos corazones pecaminosos. **Todos somos pecadores por naturaleza, pensamiento y hechos.** El pecado no siempre se manifiesta en la misma manera, pero debemos reconocer que, básicamente, pecamos. Todos pecamos, no importa la instrucción o enseñanza que hemos recibido. **Reconocer y admitir que hemos pecado (1 Juan 1:8-10) es el primer paso que puede y debe tomar todos para poder recibir el perdón y la vida en Cristo.** Cuando una persona se arrepienta y recibe a Cristo como Salvador personal y Señor, Él nos da una nueva naturaleza. Es lo que Juan 3:1-5 llama "nacer de nuevo". **¡Padres, hay que reconocer que sus hijos, aunque un don de Dios y preciosos, son pecadores!**

El versículo 10 de Eclesiastés 11, dice *que sobre todas estas cosas* (pecado) *te juzgará Dios.*

¡Lamentablemente, hay rebelión en el corazón de todo joven! Algunos la muestran abiertamente y descaradamente; otros lo hacen secretamente, y lo guardan en su corazón. Cuando la rebelión se manifiesta en forma visible, muchos padres se convencen que han fracasado o que los versículos bíblicos no son ciertos o que no son para nuestra dispensación o que la instrucción bíblica no da resultado o pueden tener otra reacción pesimista. Frecuentemente experimentan la depresión o el desánimo al ver evidencia de la rebelión, o aprenden después que existía la rebelión en el corazón de sus hijos. Debemos reconocer que la rebelión solo confirma la veracidad de la Biblia.

Otra evidencia se halla en Hebreos 12:2 donde Cristo es llamado "el autor y consumador de la fe..." La mayoría de nosotros reconocemos que ninguno de nosotros podemos ser "el consumador de la fe" de nadie; no podemos obligar a nadie creer o crecer". Nosotros damos (enseñamos) la Palabra de Dios, pero es Dios que cumple la obra en el corazón para que una persona crea. Vemos los resultados que puede haber en Juan 6:29, *Respondió Jesús y les dijo:*

Esta es la obra de Dios, que creáis en Él que Él ha enviado.

¡Como no podemos ser el "consumador", tampoco podemos ser el "autor"! **Nuestro testimonio, nuestro ejemplo y nuestra instrucción son necesarios, pero no efectuamos (consumamos) la fe de nadie.** Esa es la obra del Señor, y Él continúa obrando durante toda la vida del creyente para completar su fe.

Salomón fue criado correctamente, pero rebeló en su juventud. Entonces cuando fue viejo, él hizo exactamente lo que se promete en Proverbios 22:6, él no *se apartó de él.*

Tenemos otro ejemplo en Manasés, el hijo del Rey Ezequías. Ezequías seguramente, no fue hombre perfecto, pero sí fue un hombre humilde (manso) que sabía orar (Isaías 37, 38; 2 Crónicas 32:26). A la mayoría de nosotros, nos gustaría recibir las contestaciones espectaculares a nuestras oraciones como Ezequías. A lo mejor, él entrenó o enseñó a Manasés correctamente y le dio unos buenos ejemplos que seguir, porque leemos que a pesar de cometer unos pecados horribles cuando era joven (2 Crónicas 33:1-10), él se arrepintió cuando fue viejo. Los versículos 11-19 nos dan las palabras emocionantes: *Mas luego que fue puesto en angustias, oró a Jehová su Dios, humillado grandemente en la presencia del Dios de sus padres. Y habiendo orado a Él, fue atendido; pues Dios oyó su oración y lo restauró a Jerusalén, a su reino. Entonces reconoció Manasés que Jehová era Dios.*

…Asimismo quitó los dioses ajenos, y el ídolo de la casa de Jehová… Reparó luego el altar de Jehová… su oración a su Dios, y las palabras de los videntes que le hablaron en el nombre de Jehová el Dios de Israel, he aquí todo está escrito en las actas de los reyes de Israel (Versículos 12, 13, 15, 16, 18). Tomando en cuenta estos versículos, debemos reconocer que **en el corazón de todo joven (y señorita) hay semilla de rebelión.** La instrucción que se menciona en los Proverbios 22:6, se requiere repetidas veces hasta que uno sea viejo. Es cuando sea viejo que no se apartará de esa instrucción. La palabra "viejo" no significa dieciséis, ni veinticinco años de edad.

Esta instrucción tiene que repetirse muchas veces, pero, además debe basarse en la Escritura. La abuela (Loida) y la madre (Eunice) de Timoteo son buenos ejemplos. En 2 Timoteo 3:14-15 se nos dice, *Pero persiste tú en lo que has aprendido y te persuadiste, sabiendo de quién has aprendido; y que **desde la niñez has sabido las Sagradas Escrituras, las cuales te pueden hacer sabio para la salvación por la fe que es en Cristo Jesús.***

Debemos enseñar a los hijos las doctrinas (verdades) de la Escritura, ayudándoles a memorizar los versículos claves en donde se hallan esas verdades, así también los versículos que prometen la victoria y los animan tener fe en el Señor y en Su Palabra. Los niños tienen mejor aptitud para memorización de versículos que los adultos. Por eso debemos enseñarles a memorizar versículos y pasajes bíblicos desde temprano.

Juan Newton (que escribió las palabras del himno "Sublime Gracia") aceptó a Cristo ya adulto después de vivir muchos años en el pecado. Su conversión fue en gran parte, resultado de los versículos bíblicos que su madre le había enseñado cuando era niño menor de siete años de edad.

Algunos padres intenten eso, provisionalmente, pero porque no ven resultados inmediatos, lo abandonan. Otra vez tenemos el testimonio de la Escritura. Su madre y abuela enseñaron a Timoteo desde la niñez, pero él no se convirtió hasta ser un joven. Por medio de la predicación de Pablo, él aceptó a Cristo como Salvador (1 Timoteo 1:2; 1 Corintios 4:15). **La Palabra de Dios siempre tiene sus resultados prometidos.** No siempre se producen inmediatamente, o en la manera que nosotros anticipamos o esperamos. ¿Estamos dispuestos a permitir a otros alcanzar a nuestros hijos para Cristo, aunque hemos sembrado la semilla del evangelio en sus corazones? A veces, es así que obra el Señor (Juan 4:37-38) y seguramente, no podemos hacer mejor. La fidelidad, en cuanto a obedecer al Señor, siempre trae el cumplimiento de Sus promesas, a Su manera y a Su tiempo. Los padres, los pastores, los maestros y los ganadores de almas (testigos): todos tienen su parte en la instrucción de los hijos nuestros. Pablo no tuvo hijos propios, pero él alcanzó para Cristo a los hijos de otros.

No es suficiente solo llevar a los hijos a la iglesia. Es muy vital, pero no es todo lo que Dios requiere. Debemos enseñarles la Escritura. Esta responsabilidad se ve en el Nuevo Testamento igual que se ve en el Antiguo Testamento. El Salmo 78 nos da muy buena instrucción:

1) Debemos enseñar a nuestros hijos lo que nuestros padres nos enseñaron. En el versículo 3, *...Las cuales hemos oído y entendido; que nuestros padres nos las contaron.*

2) Al enseñar historias bíblicas a los hijos, **debemos enfatizar el poder de Dios.** Se nos dice en el versículo 4, *No las encubriremos a sus hijos, contando a la generación venidera las alabanzas de Jehová, y su **potencia,** y las maravillas que hizo.* Cuando enseñamos en cuanto a David y Goliat, no debemos mencionar solamente la valentía de David, sino también el poder de Dios que le dio la victoria sobre Goliat. ¿Cuántas veces se atribuya la victoria a David o a la "suerte"? De la misma manera, la gente habla del gran poder o fuerza de Sansón y su pelo largo, cuando en verdad

él logro derrotar a los filisteos por obedecer a Dios y por el poder que Dios le impartió.

3) Debemos enseñar a los hijos que una de las razones que Dios dio la Biblia es para que la enseñemos a los pequeños. En el versículo 5, *Él estableció testimonio en Jacob, y puso ley en Israel, la cual mandó a nuestros padres que notificasen a sus hijos…* **Dios desea que los hijos sepan que la Biblia es especialmente para ellos.**

4) Nuestros hijos deben aprender la Escritura para que ellos la pueden enseñar a sus hijos. Versículo 6, *Para que lo sepa la generación venidera, y los hijos que nacerán; Y los que se levantarán lo cuenten a sus hijos…*

5) **Debemos enseñar a nuestros hijos a poner su confianza (fe y esperanza) en Dios, y no repetir los pecados de sus antepasados.** Los versículos 7-8, *A fin de que pongan en Dios su confianza, y no se olviden de las obras de Dios; Que guarden sus mandamientos, y no sean como sus padres, Generación contumaz y rebelde; Generación que no dispuso su corazón, ni fue fiel para Dios su espíritu.*

Por estas razones, debemos enseñar la Escritura a nuestros hijos. Estos versículos enseñan porque deben los hijos aprender la Escritura.

Al hacer esto, es sumamente importante tener la actitud correcta. Los hijos disciernen fácilmente si hay *hipocresía* en los padres u otros adultos. Ellos aprenden lo que somos, aun antes de entender nuestras palabras; **ellos entienden las expresiones en nuestra cara; ellos observan nuestras acciones; ven nuestras prioridades.** Ellos aprenden a "discernir" la actitud de las personas, aun antes de hablar. Cuando aprenden a hablar y leer y escribir, no pierden esa habilidad. Todavía, notan el tono de la voz y las expresiones del rostro de otros. Eso es resultado de varios años de experiencia. Cuando llegan a ser jóvenes, ellos reconocen un adulto hipócrita casi inmediatamente. Los que han trabajado con jóvenes bien reconocen eso. **Por eso, debemos ser sinceros y tener la actitud correcta.** Cristo enfatizó eso cuando pronunció Su condenación punzante de los fariseos y escribas.

En Marcos 7:6 encontramos las palabras de condenación pronunciadas por Cristo, *Respondiendo Él, les dijo: Hipócritas, bien profetizó de vosotros Isaías, como está escrito: Este pueblo de labios me honra, más su corazón está lejos de mí.*

¿Cuál fue el resultado de su hipocresía? En el versículo 13 leemos, *...invalidando la palabra de Dios con vuestra tradición que habéis transmitido.* Ellos invalidaron la Palabra de Dios. **Si nosotros no somos sinceros** al obedecerle al Señor, **los esfuerzos** por instruir a nuestros hijos, llevarlos a la iglesia y criarlos en los "caminos del Señor" solo servirán anular o invalidar en su mente la Escritura.

Nota: La palabra "sincero" en español es la composición de dos palabras: "sin" y "cera". El alfarero al trabajar con el barro para producir vasijas, a veces tiene problemas con rajaduras. Para no perder la pieza, él rellena la rajadura o grieta con cera. Luego, él pinta sobre la rajadura y la cera para que el comprador no se dé cuenta de la falla. La vasija tiene un defecto escondido y, por lo tanto, no es "sincero". Josué en Josué 24:14 y Pablo en Filipenses 1:10 usan la palabra "sincero". Pablo dice, *...para que probéis lo mejor, a fin de que seáis **sinceros e irreprensibles para el día de Cristo.*** Los cristianos sinceros no tienen los "defectos" que son características de los hipócritas.

¡Seamos creyentes (padres, pastores, maestros, etc.) sinceros!

Si enseñamos a nuestros hijos a orar, ellos deben vernos a nosotros orar. Si les enseñamos que la Biblia es la Palabra de Dios, ellos deben vernos a nosotros leerla y amarla. Si insistimos que ellos asisten a la iglesia, nosotros debemos acompañarlos y siempre expresar cosas positivas referente la casa de Dios delante de ellos. Si les enseñamos sobre el infierno y el cielo, debemos animarlos a arrepentirse y creer en Cristo como su Salvador personal para la salvación de sus almas. Si ellos no se portan bien en la iglesia, debemos asegurarnos que la corrección es motivado por el deseo de ver que hagan lo correcto, y no porque nosotros sentimos pena o vergüenza delante de otros. Si nos escuchen cantar alabanzas al Señor en la iglesia, deben también oírnos alabarle en la casa, en el lugar de trabajo, en el campo, en el hospital y aun en el cementerio. Deben ver una fidelidad constante al Señor y Su Palabra en nosotros.

Tito 2:7 ofrece palabras de énfasis sobre esta responsabilidad, *...presentándote tú en todo* *como ejemplo de buenas obras; en la enseñanza mostrando integridad, seriedad, palabra sana e irreprochable, de modo que el adversario se avergüence, y no tenga nada malo que decir de vosotros.* **El <u>carácter y la condición del corazón</u> del que enseña la Palabra de Dios es sumamente importante.**

El hijo pródigo creía que su padre le recibiría; ¿Había visto esa actitud antes?
Sin duda, él había visto a su padre responder con misericordia muchas veces; quizás su padre había expresado misericordia hacia él. Él no pensó, en ningún momento, que su padre lo rechazaría. Eso testifica grandemente del ejemplo piadoso de su padre.

Casi todo lo que aprendemos, lo aprendemos por ver "ejemplos". ¿Cuánto tardaría un niño aprender amarrar sus zapatos si solo escuchara una plática o un discurso sobre el tema? Los niños aprenden orar por escuchar a otros orar. Los niños y jóvenes que acompañan a los padres pueden aprender a testificar y dar el evangelio. Ellos aprenderán la lectura diaria de la Biblia por participar en la lectura de la Biblia en el hogar. Aprenderán a prestar atención y recibir algo del sermón o el estudio bíblico, si ven a sus padres escuchar y luego comentar sobre lo que aprendieron. Ellos aprenderán a diezmar cuando ven a sus padres diezmar y ver las bendiciones que vienen porque los padres fueron obedientes al Señor (Malaquías 3:10).

Todas esas sugerencias y direcciones se vuelvan más efectivas cuando oramos. Sin la oración, es posible que se vuelven sin efecto. Vemos un buen ejemplo en Manoa, el padre de Sansón. El ángel reveló a la esposa de Manoa que ellos tendrían un hijo, y que él comenzaría a salvar a Israel de sus enemigos. Manoa oró para que el Señor le diera direcciones en cuanto a criar al niño. En el versículo 12 del capitulo 13 tenemos las palabras de su oración. *Entonces Manoa dijo: Cuando tus palabras se cumplan, ¿Cómo debe ser la manera de vivir del niño, y que debemos hacer con él?* Nos fijamos que el ángel no dijo meramente, "Usa la Biblia", sino le dio instrucciones detalladas y específicas en cuanto a los votos de un nazareo.

<u>Debemos orar por cada hijo.</u> Hay Escrituras que todos deben obedecer; pero hay otras que son "específicas" para algunos. **Nosotros no sabemos el futuro de cada hijo, pero el Señor sí sabe.** Si buscamos al Señor, Él nos dará dirección en cuanto a las Escrituras específicas para cada hijo. Él Señor sabe a quién llamará a predicar o a ser maestro, o quien servirá como diácono. Él sabe quienes serán padres y madres; Él tiene planes para los que serán lideres, y para los que serán seguidores. Hay que recordar que **cada hijo es un individuo, no solo en su personalidad, pero cada uno tiene necesidades diferentes, y se enfrentarán a problemas y tentaciones al pecado en casos diferentes.** ¿Por qué son algunos esclavos al alcohol, mientras otros pueden tomar un poquito y nunca embriagarse? Otras personas son esclavos a otros vicios. No tenemos nosotros las respuestas a estas preguntas, pero sabemos que Dios tiene conocimiento pleno. Él conoce plenamente a cada niño y puede dirigir a los padres a que oren, y a los maestros a los pasajes que son apropiados para cada niño. **Él bien conoce**

las necesidades específicas de cada individuo.

¿Cuántas madres han sabido que su hijo sería predicador? Hemos escuchado testimonios al respeto. Es razonable pensar que ellas darían enseñanza especial al niño durante su vida con ese llamamiento en mente. ¿Qué tal si el Señor revela que el niño o la niña se llamará a servir como misionero? Los esfuerzos de los padres, buscando que sus hijos no tengan prejuicios raciales, darán buen fruto y buena preparación.

Los maestros de la escuela dominical deben orar también por sus alumnos. Ayudará mucho visitar a los estudiantes en sus hogares. De esta manera, los maestros conocen mejor a sus estudiantes y pueden ayudarlos con la enseñanza de pasajes específicos. Si solo vemos a la gente en el contexto de los cultos de la iglesia, no los conocemos muy bien. No sabremos orar con entendimiento. Esta es una buena lección para los pastores también. Nota: El Pastor John Wilkerson de La Primera Iglesia Bautista de Hammond, IN dijo, "El pastor debe oler de ovejas". Al decir eso, él confirmaba que él cree que todo pastor debe pasar tiempo con los miembros de su iglesia.

Después de leer todo esto, los padres con hijos y los que ministran a los niños y jóvenes, pueden concluir que "instruir" a los hijos o jóvenes es una tarea humanamente imposible. También pueden ser conscientes de fallas o fracasos y sentirse deprimidos. A veces, todo va bien, pero luego, sin advertencia, "todos nuestros mejores esfuerzos vienen para abajo" porque el alumno comete algún pecado y creemos que hemos fracasado totalmente. Hay que recordar que todos fallamos de vez en cuando. ¿Qué podemos hacer cuando eso sucede?

El Espíritu Santo inspiró las palabras del libro de Eclesiastés, precisamente para mostrarnos que podemos hacer en tales situaciones. ¡Si hubiera jamás un "fracaso", fue Salomón! Él rebeló en contra de todas las instrucciones que había recibido y aun desobedeció la "revelación divina". Una cosa a su favor: él confesó su pecado y sus fracasos y se arrepintió y mostró remordimiento al exhortar a otros no seguir su mal ejemplo.

En Eclesiastés 7:26-28, él confesó que había desobedecido a Dios por casarse con setecientas esposas y tener trescientas concubinas (mujeres adicionales con las cuales él convivía sin casarse con ellas). Véase Deuteronomio 17:17. Él confesó que pecó cuando permitió a esas mujeres idólatras convertir su corazón. La actitud pecaminosa de Salomón le motivó a él buscar a mujeres paganas (no-creyentes o virtuosas), y las encontró en abundancia. Entonces en 9:9, él corrigió eso y buscó exhortar a otros, *Goza de la vida con la mujer que amas, todos los días de la vida de tu vanidad que te son dados debajo del sol, todos los días de tu vanidad...* Notamos que él no dijo "sus esposas" sino <u>la</u> <u>"esposa"</u>. "Los días debajo del sol" es una expresión que señala la vanidad de vivir fuera de la voluntad de Dios. Esa clase de vida es "vanidad".

En estos versículos, vemos el pecado de un predicador, pero luego, él se arrepintió; entonces él instruyó a sus hijos a no seguir su mal ejemplo, sino hacer lo correcto conforme a la Palabra de Dios. **Él explica a ellos la <u>miseria y el quebranto de corazón que el</u>**

pecado trae. Vale que hagamos lo mismo con nuestros hijos. Él no intentó encubrir su pecado o excusarse. Tales son la confesión y el arrepentimiento verdaderos.

Hay más evidencia en 12:9-14. En vez de obsesionarse con sus pecados y fracasos, él los confesó y se arrepintió e <u>hizo lo posible por advertir a otros.</u> *Y cuanto más sabio fue el Predicador, tanto más enseñó sabiduría al público; e hizo escuchar, e hizo escudriñar, y compuso muchos proverbios.* Él se dedicó a exhortar a la gente no errar como él lo había hecho. Él había aprendido y vivido la "vanidad del mundo". Hagamos lo correcto ante nuestros hijos para que no tengan que sufrir las consecuencias de la vanidad del mundo inconverso.

Salomón intentó presentar los versículos precisos que hacían falta a los hijos (v. 10), *Procuró el Predicador hallar palabras aceptables, y escribir rectamente palabras de verdad.* Él nos enseña que la Palabra de Dios nos motivará (versículo 11), *Las palabras de los sabios son como aguijones;* Él hizo eso para que buscaran la Escritura cuando se sentían desanimados o descarriados. Él enfatizó que la Biblia les daría estabilidad, *… y como clavos hincados son las de los maestros de las congregaciones…* Él también dio importancia al hecho de que, a pesar de apuntarse por varios hombres, realmente fue el mensaje inspirado de un solo Dios verdadero, *…dadas por un Pastor.* El Señor es nuestro Pastor, y nos ha dado Sus Palabras, las que son suficientes para toda nuestra necesidad. Es muy necesario que los hijos aprenden quien es **el autor de la Biblia: Él es el Buen Pastor que dio Su vida por las ovejas.** Los hijos también necesitan saber que el pastor nunca deja sus ovejas. **¡Si ellos conocen al Señor Jesucristo como su Salvador personal, nunca estarán solos!**

Las personas toman alcohol porque se sienten solos; usan drogas no-recetadas, ilícitas, por la misma razón. También las personas venden o prostituyen sus cuerpos; otros se suiciden porque se sienten solos y no amados y sin esperanza. Conocer a Cristo, el Buen Pastor, sería una prevención. Cristo dijo, *…**No te desamparé, ni te dejaré;** de manera que podemos decir confiadamente: El Señor es*

mi ayudador; no temeré lo que me pueda hacer el hombre *(Hebreos 13:5-6).*

¡Qué el Señor nos ayude a creer Proverbios 22:6 y obedecerlo con la sincera esperanza de que Él nos dé los buenos resultados prometidos!

Proverbios 22:15, *La necedad está ligada en el corazón del muchacho; Mas la vara de la corrección la alejará de él.*

Todos los hijos heredan la naturaleza pecaminosa de sus padres, aunque sean piadosos los padres. El Salmo 51:5 confirma eso al decir, *He aquí, en maldad he sido formado, y en pecado me concibió mi madre…* Este versículo habla del hecho de que "desde la matriz de la madre" somos pecadores. El versículo **no** enseña que "concebir hijos" es malo o pecado… en el contexto del matrimonio. El versículo en Isaías 53:6 incluye a todos nosotros. ***Todos nosotros nos descarriamos como ovejas, cada cual se apartó por su camino; mas Jehová cargó en él el pecado de todos nosotros.*** La necedad existe en todos nosotros naturalmente; no tiene que "aprenderse". Todos los padres que han observado a sus hijos saben eso. Pero, ¿Qué dice la Escritura al usar esta palabra? La palabra hebrea se traduce, *locura, necedad o estupidez y lo ridículo.* He aquí, un resumen:

Proverbios 5:23, causa que el individuo se descarría.

Proverbios 13:16, es obvia o manifestada la necedad.

Proverbios 14:8, la indiscreción del necio es engaño.

Proverbios 14:29, la necedad es enaltecida por un espíritu impaciente (pierde luego control de sí mismo y el temperamento).

Proverbios 15:21, es alegría al falto de entendimiento…

Proverbios 17:12, es más peligrosa que una osa robada de sus cachorros.

Proverbios 18:13, se muestra por responder palabras antes de oír.

Proverbios 19:3, la insensatez del necio tuerce su camino y es rebelión contra Jehová.

Proverbios 27:22, no se elimina solo por el castigo físico.

Salmo 38:5, es como el pecado; Compárese 69:5 y Proverbios 24:9 (El pensamiento del necio es pecado).

Según estos versículos la *necedad* es lenguaje bíblico para el *pecado.* Los niños pecan por naturaleza.

Cuando la Biblia dice, *la vara de corrección la alejará de él,* debemos recordar que no está hablando solo del castigo físico. Esta verdad se confirma en Proverbios 27:22, *Aunque majes al necio en un mortero entre granos de trigo majados con el pisón, no se apartará de él su necedad.* El dolor físico solo, no alejará la necedad de él. El hijo "necio" necesita, además de la disciplina física, la enseñanza y la corrección bíblica y un ejemplo piadoso. Esto vimos en Proverbios 22:6.

¡¡En ninguna manera tolera la Biblia el abuso físico de los niños!!

La necedad está ligada en el corazón, y eso incluye los **deseos** (6:25), las **emociones** (15:13,15) y los **pensamientos** (23:7). Por eso, la corrección debe aplicarse al área particular donde se ha detectado la *necedad.* No debe usarse la vara, meramente con el propósito de causar dolor. Tampoco debemos usar la Escritura para regañar al niño necio. **Debemos buscar en la Escritura los versículos apropiados que pueden aplicarse prudentemente a la necesidad particular del niño.** ¿Tiene él o ella pensamientos necios? En este caso sería sabio usar Isaías 26:3. <u>Los padres espirituales estarán siempre buscando en la Escritura los versículos apropiados para instruir a sus hijos.</u> Debemos anticipar de antemano los problemas que pueden presentarse en los hijos. Es sabio **anotar** versículos bíblicos que sirven para corregir pensamientos malos, emociones erróneas y malos deseos. Un estudiante de la Biblia puede considerar el uso de las páginas en blanco que se hallan en la primera parte o en las últimas páginas de la Biblia para eso. Eso, quizás, sería mucho mejor que coleccionar "firmas" en esas páginas.

Será necesario aplicar la vara de corrección repetidas veces. Hay que ver la palabra "instruir" en 22:6. *Mucho se alegrará el padre del justo, y él que engendra sabio se gozará con él.*

Esta promesa es lo opuesto a la promesa de 10:1. *El hijo sabio alegra al padre, pero el hijo necio es tristeza de su madre.*

Con sabiduría se edificará la casa, y con prudencia se afirmará; Y con ciencia se llenarán las cámaras de todo bien preciado y agradable (23:24).

Se puede hacer varias comparaciones entre la casa y la familia: **(1)** La casa se edifica con sabiduría; para edificar una familia, uno debe saber como comenzar y como lograr éxito. Por eso tenemos todas estas instrucciones en Proverbios. **(2)** La casa se establece con entendimiento; eso es, una casa está segura cuando uno sabe protegerla de los elementos del ambiente; la familia se puede llenar con las cosas necesarias y bendiciones cuando se sabe lo que se enseña en los Proverbios en cuanto a como conseguirlos. Véanse los apuntes sobre 19:14 para ver las promesas de Dios y Sus instrucciones.

Debemos orar y esforzarnos para que nuestros hijos se llenan del **conocimiento de la voluntad de Dios** en toda **sabiduría** y **entendimiento espiritual**, así como hizo Pablo para los colosenses (Colosenses 1:9). Las mismas tres palabras se hallan en los primeros seis versículos de Proverbios. Por tanto, las podemos tener para un estudio cuidadoso y aplicación de este libro. No se logran por el perezoso u ociosos; Proverbios 2:1-9 y 18:1 muestran que se requiere esfuerzo.

Proverbios 4:1 enseña que el entendimiento puede aprenderse de los padres. Entonces en 5:1 y los versículos que siguen, se hace énfasis que las tres palabras tienen que ver con **la pureza moral.** Según 8:34, tienen que buscarse diariamente. Tienen su principio en el temor de Jehová (Señor) y en el conocimiento de Su santidad (9:10; 28:5). La ganancia de almas es evidencia de sabiduría (11:30). Otra evidencia de la sabiduría es **¡no hablar demasiado!** (17:27).

Toda esta información y los hechos aprendidos de los Proverbios, dan a los padres mucha materia que se puede usar para preparar (instruir) a sus hijos en la edificación de una casa y de una familia.

Este capítulo es muy largo y es posible que los padres piensan que es imposible obedecer todito. Sin embargo, debemos recordar que **estas cosas pueden aprenderse por medio de la práctica repetida, a través de los años.** Según 1 Juan 5:3, los mandamientos de Dios *no son gravosos.* Esto significa que no son duros, ni severos, ni deplorables. Sus mandamientos pueden obedecerse por los cristianos bíblicos, los que son nacidos de nuevo. Cuando fracasamos, debemos confesarlo e intentar otra vez. En 24:16 leemos, *Porque siete veces cae el justo, y vuelve a levantarse.* Nuestro Dios misericordioso nos da más que una vez para obedecer. Nos da toda una vida. Si nos esforzamos y tenemos fe y confianza en Él, es seguro que recibiremos las bendiciones prometidas.

CAPÍTULO CUATRO

LA RESPONSABILIDAD DE LOS HIJOS

Como dijimos al principio del estudio, hay muchos versículos en los Proverbios que se dirigen a uno o más hijos. Hay muchas instrucciones para los hijos en cuanto a obedecer a sus padres, pero aquí en los Proverbios se los dice **como hacerlo.**

Oye, hijo mío, la instrucción de tu padre, y no desprecies la dirección de tu madre; Porque adorno de gracia serán a tu cabeza, y collares a tu cuello (Proverbios 1:8-9).

Los hijos deben obedecer a ambos padres, *tu padre… tu madre.* Los hijos no deben aprovechar y buscar que el padre o la madre vaya en contra el uno del otro. Los hijos no deben buscar que uno de los padres contradiga algo que el otro haya dicho.

Cuando la Escritura dice "oír", significa "obedecer". Romanos 10:17 nos dice, *Así que la fe es por el oír, y el oír, por la palabra de Dios.* Obviamente, no todas las personas que han oído un versículo bíblico leído han recibido "fe". Solamente los que creen lo que la Biblia dice y responden con obediencia, experimentan la **fe** salvadora. Cristo reprendió a los fariseos porque no oyeron Sus Palabras (Juan 8:47). ¿Cómo pudo Él decir tal cosa cuando ellos estuvieron parados delante de Él escuchándole? Él obviamente decía que ellos no hicieron caso, y tampoco obedecieron la Palabra de Dios.

Comparando la palabra "oír" con otras palabras y frases en los primeros pasajes de los Proverbios, aprendemos que también significa:
No abandonar (1:8)
Obedecer (1:10, 15)
Recibir (2:1-4)
Recordar (3:1)

Esta última palabra, "recordar" es la más difícil observar. ¿Cómo podemos mejorar nuestra memoria? Otra vez, los Proverbios nos ayudan. Recordamos por:

Guardar, 3:1 Eso es obedecer. Recordamos las cosas que hacemos con más frecuencia.

<u>Revisar</u> (repetir, y tener presente), 6:21 (Átalos siempre en tu corazón)

<u>Obedecer públicamente</u>, 6:21 (Enlázalos a tu cuello)

<u>Vivir siempre por Sus mandamientos</u>, 7:3 (Lígalos a tus dedos; Escríbelos en la tabla de tu corazón)

El hijo nunca debe "despreciar o abandonar" la instrucción o dirección de su madre. El Señor Jesucristo sentía una responsabilidad por su madre, aun estando en la cruz. Véase Juan 19:26-27 donde vemos que el Señor dio instrucciones a Juan de cuidar de ella. Vemos el ejemplo de los recabitas en Jeremías 35:8-10, 18-19. Aunque fueron hombres maduros, ellos obedecieron lo que su padre les había enseñado, y Dios les recompensó. Claro, eso excluiría el pecado; Dios jamás manda a los hijos seguir obedeciendo a los padres después de alcanzar la madurez cuando los padres desean que pequen. Cristo muestra eso claramente en Mateo 10:35-37, donde Él dijo que algunos tendrían que abandonar su padre y madre si le seguirían a Él. Esto no significa dejar de apoyarlos, sino dejar de obedecerlos y su voluntad si existe conflicto con la voluntad de Dios. Hay que leer estos versículos antes de formar opiniones rápidas.

Dios promete que la obediencia del hijo sería "un adorno de gracia a su cabeza y collares a su cuello". Eso sería hermoso. Esta forma de belleza debe preferirse a la clase mundana. El sentido común nos enseña que no todo el mundo es hermoso físicamente y que no muchos podemos conseguir la clase de hermosura que viene con las posesiones, pero cada persona puede lograr la hermosura espiritual. Hay personas que brillan con esa clase de hermosura. En 1 Pedro 3:3-4, hay énfasis en la hermosura espiritual que sobrepasa la física.

Porque esta admonición es tan importante, se repite en 6:20-21. Entonces el versículo 22 da los resultados de tal obediencia: la dirección apropiada para la vida (guardándose de la inmoralidad, versículos 24-35), la seguridad y el compañerismo. Estas son cosas que todo el mundo dice que desean. Son prometidos por Dios (Él no puede mentir) a los hijos que obedecen a ambos padre y madre.

De igual manera, Dios da promesas a los sabios. Por ejemplo, ¿No sería maravilloso comprender "el temor del Señor"? No todo el mundo da la misma definición a estas palabras. Pero hay ciertas personas que sí entienden esas palabras. Esos individuos entenderán la "justicia y juicio y equidad, los buenos caminos", conforme a 2:5 y 9. ¿Qué tenemos que hacer para obtener esta comprensión y entendimiento?

Hijo mío, si recibieres mis palabras, y mis mandamientos guardares dentro de ti… (2:1).

Es necesario recibir las palabras de los padres piadosos y memorizarlas.

Haciendo estar atento tu oído a la sabiduría… (2: 2a).

"Hacer estar atento el oído a algo" significa que uno no presta atención a "otra cosa". **Eso requiere una decisión definida.** Tenemos que tomar, deliberadamente pero voluntariamente, la decisión de no escuchar o hacer caso a las cosas del mundo, si hemos de escuchar los consejos de Dios, dados por nuestros padres piadosos. Muchos pasajes nos dan advertencias en cuanto a la inmoralidad, la falta de honestidad y la pereza. Tenemos que ignorar o rechazar cualquier y toda cosa que nos animaría en esas cosas. Esas cosas incluyen cualquier música, revista, programa de televisión, película, libro y amigo que promueve la inmoralidad. Todo el mundo se da cuenta que esas cosas y otras existen, y por eso no hace falta confirmación alguna. La gran necesidad es tomar una decisión consciente de rechazar estas cosas **para que uno pueda "inclinar su corazón y oído a la sabiduría, y la piedad".**

Haciendo estar atento tu oído a la sabiduría; Si inclinares tu corazón a la prudencia... (2:2).

La palabra "corazón" en la Escritura significa el **deseo** (6:25), las **emociones** (15:13) y los **pensamientos** (23:7). Aplicar el corazón significa involucrar nuestros deseos, nuestras emociones y nuestros pensamientos en la búsqueda de "entendimiento". También involucrado: _Si clamares a la inteligencia, y a la prudencia dieres tu voz... (2:3)._

La "oración" es absolutamente vital. Nadie puede aplicar sus deseos, sus emociones y sus pensamientos a la sabiduría y el entendimiento sin la ayuda del Señor. Tenemos una inclinación en la dirección opuesta. Esta es la razón porque los jóvenes tienen la <u>tendencia de burlarse de los otros</u> jóvenes que se esfuerzan por lograr "buenas notas" y que "obedecen a sus padres" y que buscan "ser obedientes a la Biblia". **Tenemos una aversión a las cosas que más nos hacen falta.** Aun los cristianos fieles tienen que pedirle al Señor Su ayuda. Hacer esto requiere un deseo muy fuerte. *Si como a la plata la buscares, y la escudriñares como a tesoros…* (2:4).

¿Por qué van las personas al trabajo todos los días a pesar del hecho que no les gusta su trabajo, y no les caen bien las personas con las cuales trabajan? ¿Trabajan cuando no se sienten bien físicamente y trabajan cuando hay mal tiempo? Todo el mundo sabe la respuesta: **¡Porque desean el salario!** Hacemos muchas cosas no-placenteras y no-convenientes porque o deseamos o nos hace falta el dinero. Dios aquí dice, que, si nosotros tuviéramos esa clase de deseo al buscar la sabiduría, el conocimiento y el entendimiento, hallaríamos lo que significa el "temor de Dios" y los caminos de Él.

En resumen, escuchemos y recordemos (2:1), hagamos estar atentos nuestros oídos a la sabiduría (2:2), oremos (2:3) y busquemos la sabiduría cada día, si nos sentimos bien o no (2:4).

¿Y por qué, hijo mío, andarás ciego con la mujer ajena, y abrazarás el seno de la extraña? (5:20-21).

Es una buena pregunta: ¿Por qué practicar la inmoralidad? El mundo nos anima vivir "inmoralmente" y aun se burla de los que son fieles a su marido o esposa. ¿Por qué identificarnos con el mundo anticristiano?

Nota: Otra pregunta: Cristo ganó la victoria sobre el mundo, el enemigo y sobre la muerte cuando Él murió y resucitó de los muertos; **Él es victorioso, y nosotros sus seguidores, tenemos esa victoria también:** ¿Por qué vivir en este mundo como "derrotados, conquistados"? ¿Por qué vivimos inmoralmente? ¿Por qué nos vestimos con el uniforme del equipo derrotado o vencido?

Hay varias razones porque los creyentes practican la inmoralidad, pero en este párrafo hay buenas razones porque vivir una vida piadosa y pura. La fidelidad a la esposa o al marido se recompensa con hijos que son una **bendición** a la sociedad (versículo 16); con **gozo** (v. 18); y con la **satisfacción** (v.19). Hay otro lado: El Señor nos advierte que Él ve todo lo que hacemos y medita sobre lo que Él debe hacer ante nuestra maldad en el versículo 21. Son razones buenas en verdad.

Todas las admoniciones en cuanto a la inmoralidad sirven para los hombres jóvenes y las señoritas. Los hombres jóvenes (y maduros) deben esforzarse en evitar la mujer inmoral, en persona y en las fotos y los videos, etc. Son muy accesibles. La mujer joven debe evitar la tentación de permitir que su cuerpo sea objeto de explotación en las fotos, los videos y aun en su persona, por vestirse inmodestamente. Tristemente, muchas muchachas y mujeres no sienten ninguna convicción o incomodidad en exhibir su cuerpo inmodestamente. No reconocen o no dan importancia al hecho de que ellas pueden "ser piedras de tropiezo" en las vidas de los hombres.

Nota: Caín, después de rechazar la instrucción de Dios y de sus padres sobre los sacrificios, mató a su hermano Abel, según Génesis 4:8-11. Después el Señor Jehová le preguntó, *¿Dónde está Abel tu hermano?* El Señor hizo la pregunta no para recibir información, sino para que Caín tuviera que reflexionar sobre lo que él había hecho. Caín respondió con la mentira, ***No sé***. Mostrando su corazón cruel, su arrogancia y su falta de vergüenza por lo que él había hecho, él responde con una pregunta, ***¿Soy yo acaso guarda de mi hermano?***

Desafortunadamente, muchos jóvenes y señoritas cristianos responden ante las instrucciones bíblicas en la misma manera. Dicen, **"Mi vida es mía, y la viviré como yo quiero, como a mí me complazca. Si a alguien no le gusta, es su problema, no mía"**. **¡Qué triste!**

BÍBLICAMENTE, SOMOS GUARDAS DE NUESTROS HERMANOS Y LAS PERSONAS DEL MUNDO ENTERO (1 Juan 3:1-3, 8-10; 2:15-17; 4:7-21).

En la última sección de este libro hay una lista de los temas que se hallan en los Proverbios y una lista de los versículos que mencionan cada tema. Hay una lista de los versículos que mencionan el tema de la inmoralidad. Hay que leerlos con cuidado y repetidas veces. En esos versículos se hallan "señales de advertencia" en cuanto al pecado y los resultados que habrá si uno no presta atención.

El hijo sabio alegra al padre, pero el hijo necio es tristeza de su madre (10:1).

Para una explicación bíblica de las palabras **"sabio"** y **"necio"**, vea la discusión de este versículo en el capítulo que se dirige a los "padres y que habla de sus responsabilidades".

Mejor es lo poco con el temor de Jehová, que el gran tesoro donde hay turbación. Mejor es la comida de legumbres donde hay amor, que el buey engordado donde hay odio (15:16-17).

Frecuentemente, cuesta a los hijos vivir sin las cosas que otros niños y jóvenes tienen. Todo el mundo desea tener las cosas de moda o novedad, pero, a veces no es posible. Aun las familias piadosas pasan por tiempos de prueba cuando no abunda el dinero. El Señor permite a las personas espirituales pasar por tiempos de prueba. Cuando esto nos sucede, hay que recordar que es mejor vivir en un hogar piadoso, donde la gente se ama, que vivir en un hogar con muchos tesoros o "tienen todo", pero donde no hay amor. A veces con muchos tesoros vienen muchos problemas. Algunas personas que comen muy buena comida y tienen grandes posesiones, viven donde solo hay odio. Las cosas materiales no son un buen sustituto para el amor y la piedad.

En todo tiempo ama el amigo, y es como un hermano en tiempo de angustia (17:17). *Y amigo hay más unido que un hermano* (18:24).

Una de las razones que tenemos hermanos y hermanas es para que podamos ayudarnos en tiempos de problema. Es una de las evidencias de ser un creyente nacido de nuevo, un cristiano verdadero, según 1 Juan 3:14-19. Somos mentirosos si decimos que amamos a nuestros hermanos, pero no los ayudamos en tiempo de problemas y necesidad. Esto es cierto de los hermanos de sangre y de los hermanos y hermanas espirituales.

El que engendra al insensato, para su tristeza lo engendra; Y el padre del necio no se alegrará (17:21).

En 10:1 vemos las instrucciones a los padres, y la explicación que Dios da en cuanto al necio. El hecho es que **todos somos "engendrados" con un tanto de necedad en nosotros.** La persona que madura y siempre es un "necio" es una persona que nunca buscó superar la naturaleza pecaminosa y necia. Lograr dejar la necedad comienza con el "nuevo nacimiento". 1 Juan 5:4 dice, *¿Quién es el que vence al mundo, sino el que cree que Jesús es el Hijo de Dios?*

Cuando el cristiano desea la Palabra de Dios como un bebé desea la leche, él puede crecer y lograr más y más fortaleza, con el resultado favorable de vencer la naturaleza pecaminosa. Véase 1 Pedro 2:2.

Él que roba a su padre y ahuyenta a su madre, es hijo que causa vergüenza y acarrea oprobio (19:26).

"Robar a su padre" es desperdiciar o malgastar las posesiones de su padre, como lo hizo el hijo pródigo en Lucas 15. Él desperdició sus bienes viviendo perdidamente, y finalmente trabajaba dando alimento a los cerdos. Él fue tan pobre que quiso comer lo que comían los cerdos. Hay dos advertencias más que se presentan en los Proverbios: **1)** *Tesoro precioso y aceite hay en la casa del sabio; Mas el hombre insensato todo lo disipa (malgasta) (21:20).* **2)** *El que roba a su* *padre o a su madre y dice que no es maldad, compañero es del hombre destruidor* (28:24).

Los padres deben enseñar a sus hijos a administrar bien las posesiones. Hay que enseñarlos a trabajar honestamente y ganar lo necesario para la vida. Hay que enseñarlos a ahorrar algo de sus ganancias cada semana o cada quincena. Hay que enseñarlos a diezmar (10% de los ingresos, Malaquías 3:10) y dar ofrendas arriba del diezmo en la iglesia. Hay que enseñarlos a ser buenos mayordomos de todo lo que Dios da o permite. Hay que enseñarlos a no desperdiciar nada, ni la comida. **Buena idea es "tomar solo la porción de comida que pensamos comer, y comer todo lo que tomamos".** Los padres de familia no deben permitir a los hijos pedir cantidades de comida que no comerán; ni deben hacer eso los adultos tampoco.

De igual manera debemos cuidar nuestra ropa y otras posesiones. Mi papá solía decir "si el trabajador cuida bien sus herramientas, sus herramientas le cuidarán a él". Es buen consejo para los mecánicos y otros profesionales que trabajan con herramientas. Lo mismo puede decirse de otras cosas como los vehículos, la máquina de cortar grama, de coser, etc., etc. La costumbre de ser conservador y no desperdiciar las cosas que Dios permite, ayudará cuando uno es adulto, y aun cuando son padres de familia.

Otro punto: **Vale enseñar a los hijos siempre expresar gratitud en todo, aun en las cosas pequeñas.** Es algo que quizás no se enseña hoy día. La gente de hoy piensa que "alguien les debe algo". En **Romanos 1:21**, el primer paso en el camino de la corrupción moral y espiritual y la destrucción, fue el pecado de <u>**no glorificar a Dios, y no expresar gratitud a Dios.**</u>

Ahuyentar a la madre (19:26) es como "abandonarla" cuando necesita que alguien cuide de ella. El Señor Jesús, aun cuando moría, hizo provisión para su madre. ¿Significa eso que sería malo enviar a la madre a un hogar de cuidado para ancianos? No necesariamente. En algunos casos, esa es la mejor solución. Hay veces que los padres ancianos necesitan la clase de cuidado que se da en esos hogares. El pecado se presenta cuando abandonamos a los padres solo porque su presencia estorba nuestro estilo de vida. *Y cuando tu madre envejeciere, no la menosprecies* (23:22).

Si el hijo roba a su padre y ahuyenta a su madre, quizás se muestra que ellos no lo instruyeron bien en los caminos del Señor, y, por tanto, la vergüenza y el reproche. Al contrario, el amor de un hijo (hija) para sus padres ancianos muestra que ellos habían hecho lo mismo para él o ella.

Cesa, hijo mío, de oír las enseñanzas que te hacen divagar de las razones de sabiduría (19:27).

"Las palabras de conocimiento" son palabras de piedad, porque "el temor de Jehová es el principio de la sabiduría" (9:10). Los jóvenes deben rechazar toda instrucción que se opone a o contradice la Palabra de Dios. Esto incluye la teoría de evolución, el conocimiento mundano en cuanto a la inmoralidad, las drogas ilícitas y los crímenes y cualquier otra enseñanza que contradice la Biblia. Pablo dice que es preferible ser "indoctos" o "niños" en la malicia. Lamentablemente, muchos jóvenes son muy "informados" en las maldades de este mundo. Desafortunadamente, muchas veces son cosas aprendidas en las escuelas públicas.

Cuando la Biblia dice, *Cesa de oír...* no significa que no debemos nunca escuchar estas palabras erróneas. Escucharemos, sin querer, algunas de estas cosas. La idea de "oír" significa "obedecer" como vimos en 1:8-9. Es posible que tenga usted que escuchar a un profesor impío negar la Biblia, y también puede ser que tenga que aprender la materia que se enseña para poder anotar las respuestas que él o ella espera para poder sacar una buena nota en el examen, pero usted no tiene la obligación de aceptar y "obedecer" lo que ellos dicen. "Cesa de oír" significa ¡deje de obedecer! Cristianos que viven donde hay un dictador tienen que aguantar mucha instrucción impía, pero muchos han rehusado "obedecer esa instrucción".

Aún el muchacho es conocido por sus hechos, si su conducta fuere limpia y recta (20:11).

El niño es conocido por sus hechos, no porque es de cierta familia o porque pudo estudiar en ciertas escuelas. Unas cuantas personas pueden quedarse impresionados con esas cosas, pero el mundo evaluará a la persona, tomando en cuenta sus hechos. Es un error muy serio depender de la "familia" para el éxito.

Los hijos, como hemos dicho, deben aprender a trabajar y asegurarse que sea un trabajo honesto y un servicio a la comunidad. Lamentaciones 3:27 dice, *Bueno le es al hombre llevar el yugo desde su juventud.* Esa es otra manera de describir el trabajo. El muchacho que aprende a trabajar bien, establecerá una reputación buena. Esto es deseable. Todos nosotros deseamos ser recibidos y respetados. Es triste que algunos cometen pecados groseros para lograr tan respeto o aprobación. Eso no es necesario. Dios nos ha manifestado como tener una buena reputación en estos versículos.

Los niños que se crían en el campo aprenden a trabajar. Hay muchos que viven y crecen en la ciudad donde no hay tantas oportunidades para aprender a trabajar. Los padres deben buscar esas oportunidades, hasta donde sea posible. Los jóvenes pueden orar para que el Señor los muestre algún buen trabajo que ellos pueden cumplir, y no solo para ganar dinero, sino también para que puedan lograr un buen testimonio para Cristo.

Al que maldice a su padre o a su madre, se le apagará su lámpara en oscuridad tenebrosa (20:20).

La falta de respeto para los padres resulta en una penalidad severa. La palabra "lámpara" en la Escritura frecuentemente se refiere a la reputación, que se ve por otros. Como ejemplos, véanse 1 Reyes 15:4; Salmo 132:1, 7; y Mateo 5:17. La palabra también significa "dirección" como en Salmo 119:105 (Lámpara es a mis pies tu palabra, y lumbrera a mi camino.); Proverbios 6:23; y Apocalipsis 2:5.

Se puede entender que la reputación de uno se destruirá; que **no tendrá dirección en su vida si él o ella maldice a su padre o a su madre.** Todos reconocemos eso cuando oímos de una persona que haya matado a sus padres u otro miembro de la familia. ¡Horrible! **La reputación de esa persona se ha destruido,** no importa cuán buena reputación tenía antes. **Ya él o ella "es un Don o Doña nadie".**

Estos versículos, en Proverbios presentan las instrucciones que deben darse a los hijos. Todo el libro de Proverbios tiene aplicación a los niños en las diferentes etapas de la vida. Es imperativo que los padres instruyen a sus hijos mientras haya lugar. **Todos, al crecer, necesitamos aprender todo lo posible en cuanto a la sabiduría de este libro. Podemos hacer eso con la confianza que el Señor cumplirá las promesas que Él ha hecho a los que le obedecen.**

CAPÍTULO CINCO

LISTA DE LOS PROVERBIOS SEGÚN SU TEMA

Amigos: 17:17, 18:24, 27:6, 27:9, 27:10, 27:14, 27:17,

Alma: 2:10, 3:22, 6:30, 6:32, 11:25, 13:19, 13:25,

Amor: 10:12, 27:5,

Animales: 6:6-8, 11:22, 12:10, 14:4, 20:2, 21:31, 23:32, 26:2, 26:3, 26:11, 26:17, 27:8, 27:23, 27:26-27, 28:15, 30, :15, 30:17, 30:18-19, 30:24-28, 30:29-31,

Atributos de Dios: 3:12, 3:19-20, 5:21, 6:16, 8:22, 8:27-29, 15:3, 15:11, 30:3-4,

Ayudar a los Pobres: 3:27-28, 14:21, 14:31, 17:5, 19:17, 21:13, 22:9, 22:22-23, 23:10-11, 28:3, 28:8, 28:27, 29:7,

Castigo (Juicio): 1:24-32, 2:22, 3:33, 6:33, 13:15, 20:30, 29:1,

Codicia: 1:19, 15:27, 23:1-8, 27:20, 28:16,

Compañeros: 1:10, 15, 4:14-15, 13:20, 14:7, 24:21-22,

Confianza, Confiar: 3:5-6, 11:28, 16:20, 18:10, 20:22, 22:19-21, 28:25-26, 29:25,

Contar Chismes: 11:13, 18:8, 20:19, 26:20, 26:22,

Consejos: 8:14, 11:14, 12:5, 12:15, 15:22, 19:20, 20:5, 20:18, 21:30, 24:6,

Contiendas: 3:30, 6:14, 6:16, 19, 13:10, 15:18, 16:29, 17:9, 17:14, 17:19, 18:19, 20:3, 22:10, 25:8, 26:17, 26:20-21, 28:25, 29:22,

Corazón: 2:10, 3:1, 3:3, 3:5, 4:4, 4:23, 6:16-18, 6:25, 7:25, 10:20, 11:20, 12:25, 13:12, 14:10, 14:30, 15:7, 15:11, 15:13, 15:14, 15:15, 15:28, 15:30, 16:1, 16:9, 16:21, 16:23, 17:3, 17:16, 17:20, 17:22, 18:2, 18:15, 19:3, 19:21, 20:9, 21:1, 21:4, 22:11, 23:7, 23:12, 23:15, 23:17, 23:19, 27:9, 28:14, 28:26, 31:11,

Culpa: 28:1,

Dar: 3:9-10. 11:24-26,

Descarriarse: 14:14

Dinero: 1:10-15, 3:9-10, 6:1-5, 8:18, 10:2, 10:15, 10:22, 11:4, 11:15, 11:16, 11:28, 13:7, 13:8, 13:11, 14:20, 14:23, 15:6, 15:16, 15:27, 16:8, 17:2, 17:18, 18:11, 18:23, 19:4, 19:6, 20:14, 20:16, 20:21, 21:6, 21:14, 21:17, 21:20, 22:1,

22:2, 22:4, 22:7, 22:16, 22:26-27, 23:4-5, 24:3-4, 27:13, 27:23-27' 28:8, 28:11, 28:20, 28:22, 29:13, 30:8-9,

Dirección: 3:5-6, 11:5,

Disciplina del Señor: 3:11-12,

Disciplina (autocontrol): 25:28,

Dones, Dádivas, Regalos: 6:35, 18:16, 19:6, 25:14,

Edad: 16:31, 17:6, 20:29

Enojo: 12:16, 14:17, 14:29, 15:1, 15:18,16:14, 16:32, 19:11, 19:19, 21:14, 21:24, 22:24-25, 25:23, 27:4, 29:22, 30:33

Envidia: 14:30, 24:1, 24:19,

Escritura: 1:6, 1:23, 13:13, 19:16, 28:4, 28:7, 29:18, 30:5-6, 31:1,

Espíritu: 11:13, 14:29, 15:4, 15:13, 16:18, 16:19, 16:32, 17:17, 17:22, 18:14, 20:27, 25:28, 29:23,

Examinar (pensar, pensamiento): 4:26, 12:5, 15:26, 16:3, 21:5, 23:7, 24:9, 30:32,

Evidencia (fruto): 10:16,

Falta de Honradez: 6:30-31, 11:1,
(véase también **Mentir)**

Fiar, Fiador: 6:1-5, 11:15, 17:18,20:16, 22:26-27, 27:13,

Fidelidad: 11:13, 13:17, 25:13, 25:19. 28:20,
Hablar: 6:12, 7:21, 10:8, 10:11, 10:13,10:19-20, 10:31-32, 12:6, 12:13, 12:14, 12:17, 12:18, 12:19, 12:25, 13:2, 13:3, 14:3, 15:1, 15:2, 15:23, 15:26, 16:21, 16:24, 16:27, 16:30, 17:20, 17:27, 17:28, 18:4, 18:7, 18:8, 18:13, 18:20, 18:21, 20:19, 21:23, 22:14, 25:11, 25:15, 26:22-25, 28:23, 29:5, 29:20,

Hermosura: 6:24-25, 11:22, 31:30,

Honestidad: 11:1, 16:11, 19:1, 20:10, 20:23, 22:28, 23:10-11,

Igualdad de la Humanidad: 29:13,

Infierno: 5:5, 7:27, 9:18, 15:11, 15:24, 23:14, 27:20,

Gracia: 1:9, 3:22, 3:34, 4:9, 22:11,

Gobierno: 8:15-16, 14:34, 25:2, 25:3, 25:4-5, 25:6-7, 25:15, 28:15, 28:16, 29:2, 29:4, 29:12, 29:14, 31:3, 31:4-5, 31:8, 31:9,

Hipocresía: 7"10-15, 11:9, 21:27, 24:23-26,

Humildad: Véase Orgullo y la Humildad.

Inmoralidad: 2:16-19, 5:3-14, 5:20-21, 6:24-29, 6:32-33, 7:4-27, 9:13-18, 16:11, 22:14, 23:27-28, 29:3, 30:20,

Instrucción: 12:1, 13:18, 15:32, 19:25, 19:27, 23:12, 23:23,

Menospreciar (Escarnecer, Burlador): 3:34, 13:1, 14:6, 15:12, 21:11, 21:24, 22:10, 29:8,

Mentir: 6:16-19, 10:18, 12:17, 12:19, 12:22, 13:5, 14:5, 14:25, 17:4, 17:7, 19:5, 19:9, 19:22, 20:17, 21:6, 21:28, 24:28, 25:18, 26:18-19, 26:26, 26:28,

Miel: 25:16, 25:27, 27:7,

Misericordia: 3:3-4, 11:17, 12:10, 14:22, 16:6, 21:21, 28:13,

Muerte: 2:18, 5:5, 7:27, 8:36, 10:2, 11:4, 11:7, 11:19, 12:28, 13:14, 14:12, 14:27, 14:32, 16:14, 16:25, 18:21, 21:6, 24:11-12, 26:18-19,

Necios: 1:7, 1:22, 1:32, 3:35, 8:5, 10:1, 10:18, 10:21, 10:23, 14:9, 14:16, 17:12, 17:16, 19:29, 20:3, 26:3, 26:4, 26:6, 26:7, 26:8, 26:9, 26: 10, 26:11, 26:12,
Odio: 10:12, 10:18,

Opresión: 3:31-32,

Oración: 10:24, 15:8, 15:29, 28:9,

Orgullo y la Humildad: 3:7-8, 3:34, 6:16-17, 8:13, 11:2, 12:9, 13:10, 15:33, 16:2, 16:5, 16:18, 17:19, 18:11, 20:6, 26:12, 29:23, 30:12-13,

Pecado: 4:19, 13:15, 21:4, 24:9, 28:13,

Pereza: 6:6-11, 10:5, 10:26, 12:24, 12:27, 13:4, 15:19, 18:9, 19:15, 19:24, 20:4, 20:13, 21:25-26, 22:13, 24:30-34, 26:13-16,

Preservación (guardar) de los Santos: 2:8, 2:11-12, 16, 3:21-26,

Prosperidad: 1:32, 3:9-10, 4:18, 8:18, 10:22,

Reprender: 9:7-8, 24:24-25, 27:5,

Reputación: 10:7, 22:1,

Sabiduría, Instrucción, Conocimiento, Entendimiento: 1:2-6, 1:20-33, 2:1-16, 3:13-24, 4:5-13, 7:4, 8:11, 8:12, 8:15, 8:17, 8:18, 8:22, 8:34, 9:9-12, 11:30, 12:8, 14:15, 14:33, 16:16, 16:22, 17:2, 17:10, 17:16, 17:24, 17:27, 18:1, 19:8, 24:3-4, 24:13-14, 28:5,

Salud: 3:7-8, 4:22, 5:11, 12:18, 15:30, 16:24, 17:22,

Temor de Dios: 1:7, 1:29, 2:5, 3:7, 8:13, 10:27, 14:2, 14:26, 14:27, 15:16, 15:33, 16:6, 19:23, 22:4, 23:17, 24:21, 31:30,

Tentación (engaño): 1:10-19, 4:14-27, 5:14, 7:10,

Trabajar, Labrar, Diligencia (perezoso, negligente): 6:6-11, 10:4-5, 12:11, 13:11, 13:23, 14:23, 21:5, 22:29, 24:27, 27:18, 27:23, 28:19,

Vara: 10:13, 13:24, 22:15, 23:13-14, 26:3, 29:15,

Vino: 3:9-10, 4:17, 9:2, 9:5, 20:1, 21:17, 23:20-21, 23:29-35, 31:4-7,

PROVERIOS 3:5-7

Fíate de Jehová de todo tu corazón, Y no te apoyes en tu propia prudencia. Reconócelo en todos tus caminos, Y El enderezará tus veredas. No seas sabio en tu propia opinión; Teme a Jehová, y apártate del mal...

SOBRE EL TRADUCTOR

El Hermano Roberto (Bob) Green nació en 1943 en

Florida, EE.UU. Sus padres, Bob C. and Edris Green, le llevaron a la First Baptist Church de Fort Pierce cuando tenia tres años de edad. El aceptó a Cristo como su Salvador Personal en la Fairlawn Baptist Church cuando tenía doce años. Teniendo 16 años de edad se entregó para predicar el Evangelio del Señor Jesucristo.

Sabiendo que debía prepararse para el ministerio, él fue a estudiar en Tennessee Temple College (TTC) en Chattanooga, Tennessee. Durante los últimos tres años de estudio él servía como pastor de la Way Side Baptist Chapel. En julio de 1965 se casó con Patricia Deitz Green. Patricia y Roberto sentían que Dios les estaba guiando a servir como misioneros. En diciembre de 1965 el Hermano fue ordenado como ministro del Evangelio. El Hermano salió graduado de TTC en 1967 y en ese año fueron aprobados como misioneros con la Misión Bautista Internacional (BIMI) para servir en Centro América.

Después de terminar de prepararse como piloto aviador y levantar el sostén económico para poder vivir en Centro América, Los Green salieron para estudiar en El Instituto de Idiomas en San Jose, Costa Rica en 1968. Desde 1969 hasta la fecha han servido en el ministerio de plantar iglesias en Centro América (La Iglesia Bautista Miramonte, San Salvador, El Salvador y El Tabernáculo Bautista de San Miguel, El Salvador) y han tenido varias responsabilidades (Director Asistente en EE.UU, Director de Ministerios de Aviación y Director de Candidatos) con BIMI. Además, han servido a Cristo enseñando en varios institutos bíblicos, en el ministerio de aviación misionera, y en ayudar a iglesias de habla Ingles establecer ministerios hispanos. Comenzaron y establecieron la Iglesia Bautista Getsemaní en Hendersonville, North Carolina antes de trasladarse a Chattanooga, Tennessee en 2003.

El Hermano Green recibió su Doctorado (D.MIN) en 2010. Actualmente sirve como Representante Para Ministerios Hispanos y Director de Ministerios de Aviación con BIMI. El Señor le ha dado numerosas oportunidades para predicar en iglesias hispanas en Los EE.UU y Centro América.